KB082236

장애학생 취업지도

장애학생 취업지도

지은이 : 고슴도치쌤
발행일 : 2022년 12월 7일
펴낸이 : 한건희
펴낸곳 : 주식회사 부크크
출판사등록 : 2014.07.15(제2014-16호)
주　　소 : 서울특별시 금천구 가산디지털1로 119 SK트윈타워 A동 305호
전　　화 : 1670-8316
이메일 : info@bookk.co.kr

ISBN : 979-11-410-0487-3

장애학생 취업지도

Update...

"희망을 업데이트 하겠습니다"

고슴도치쌤 지음

차 례

세상에 공짜는 없다

"세상에 공짜는 없다."

인생을 살며 제가 알게된 유일한 진리입니다. 여러분도 동의하시나요? 세상에 공짜는 없습니다. 절대로요. 이 세상의 모든 것이 교환입니다.

가난했던 대학생 시절.
칼바람을 맞으며 막노동을 했습니다. 미친듯이 더운 한여름엔 아스팔트 위에서 전기공사를 했습니다. 그렇게 제 눈물과 고통, 상처, 시간을 교환해서 얻은 것이 '하루 일당, 오만 원'입니다. 그렇습니다. 시간과 노동을 돈과 교환한 것입니다.

사람들도 이제 압니다.

공짜폰도 사실은 공짜가 아니라는 것을요. 카카오톡이 무료 메시지를 제공하는 것도, 지배적인 인프라 구축과 사용자수를 흡수하기 위함이었습니다. 그들은 무료 카톡을 제공했지만 사람들은 소중한 개인정보와 데이터를 기업에 제공했습니다. 이제 사람들은 카카오톡 없이 생활이 어려울 정도로 카카오톡에 의존하게 되었습니다. 그리고 카카오는 엄청난 수익을 얻어갔습니다.

전 누구보다 무상급식이 필요했습니다.

만약 제가 고등학교 시절로 돌아간다면 말입니다. IMF 시절, 국가와 우리 가정 경제는 상당한 어려움을 겪었습니다. 그렇지 않아도 어려운 살림에 IMF는 저희 가정을 파괴하였습니다. 정말입니다. 파괴라는 단어가 정말 적합한 것 같습니다.

예, 저는 고등학교 시절에 국가에서 무상 급식을 지원했다면 정말로 기뻤을 겁니다. 그 이유는 돈 때문이 아닙니다. 점심, 저녁 두 개의 도시락을 들고 다녀야 했던 번거로움 때문만도 아닙니다. 가장 큰 이유는 '부끄러움' 때문입니다.

저는 거의 매일 김치나 진미 반찬을 싸야했습니다.

IMF와 함께 부모님의 미싱 공장을 멈춰야 했습니다. 매일 반복되는 같은 반찬이 친구들에게 부끄럽고 미안했습니다. 그래서 가끔은 점심을 거르고 물만 마시기도 했습니다.

하지만 세상은 참 쉽게 바뀌더군요.

제가 교사로 발령받은 첫 해. 학생들은 급식이 맛이 없다며 대부분의 음식을 남겼습니다. 그리고 남은 음식은 잔반통에 과감히 버려졌습니다. 어쩌면 부모님들은 정말 깜짝 놀라실 수도 있습니다. 얼마나 많은 음식이 버려지는지, 이 사실을 직접 목격하신다면 말입니다.

그렇습니다.

저는 그 누구보다 무상급식의 필요성을 절감했던 사람입니다. 그랬던 제가 이제는 가장 반대하는 것이 바로 '무상급식, 무상교육'입니다. 왜 그럴까요?

그건 바로 '무상'이란 단어가 학생들을 현실에 안주하게 만들기 때문입니다. 공짜란 단어로 인간을 수동적인 식물로 만들어버리기 때문입니다. 현실의 공짜 먹이에만 종속된 애완동물처럼 꿈에 대한 열정이 식어버리기 때문입니다.

요즘 학생들은 풍족합니다. 실업의 위기감도, 배고픔의 공포도 없습니다. 주말이면 부모님이 피자와 치킨을 시켜줍니다. 학원비와 심지어 등록금까지 부모님의 희생으로 무상 공급됩니다. 중요한 포인트는 '무상'으로 제공된다는 점입니다. 그렇습니다. 학생들은 '무상공급, 무상교육, 무상급식'에 익숙하게 길러집니다.

저는 분명 이 책을 다음과 같은 명제로 시작했습니다.
"세상에 공짜는 없다"

제 말이 틀린 것일까요?
저의 철학은 모순덩이인 것인가요?

대학교에 들어가면 상황은 반전됩니다.

무상교육, 무상급식에 익숙하던 학생들은 전혀 새로운 세상을 마주해야 합니다. 한 학기 등록금 400~500만 원. 1년이면 생활비에 최소 천만 원. 4년제 대학교를 졸업하면 최소 4천만 원이 들어갑니다. 정말 최소한으로 잡아도 그렇습니다.

그나마 생각이 있는 학생들은 아르바이트를 하기 시작합니다. 부모님의 부담을 조금이라도 덜어주기 위함입니다. 그런데요. 좀 더 정확히 말씀드리자면 그것은 애초에 '부모님의 부담'이 아닙니다. 대학교 등록금은 '학생의 몫'입니다. 그건 본인의 부담이자 본인 스스로 감당해야 할 현실의 벽입니다. 부모님의 숙제가 아니라 학생 본인의 숙제입니다.

'대학교 등록금은 부모님이 해결해 주셔야지?'라고 생각하는 학생들은 '세상에 공짜는 없다'라는 명제를 잠시 뒤로 미룬 것이 불과합니다. 대학교 등록금을 지나 결혼 자금은? 신혼집 마련을 위한 아파트 비용은? 자동차는 무슨 돈으로 사야 하나요?

이제 제 의도를 파악한 분들이 있겠지요.

부모님께서도 진정 자녀를 위한 길은 역시 '세상에 공짜는 없다'라는 명제를 조금이라도 일찍 깨닫게 하는 것입니다. 무상교육, 무상급식, 무상 등록금, 무상 자동차, 무상 아파트의 희망을 주어서는 안됩니다. 일방적인 공짜는 사람을 나태하게 만듭니다. 험한 세상에도 생존할 강자가 아니라, 항상 남들에게 의존하는 약자로 만들어 버립니다.

가정 형편에 따라 무상급식에도 '1000원' 혹은 '100원'이라도 내야 합니다. 그래야만 '세상에 공짜는 없구나'라고 느낄 것입니다. 그러면 아마 급식소 잔반은 내야하는 비용에 따라 혁명적으로 줄어들 것입니다.

그래서 저도 이 책에 인세를 책정했습니다. 무료 PDF 파일로 제작하여 블로그에 올릴 수도 있습니다. 하지만 전 그렇게 하고 싶지 않았습니다. 저는 이 책을 쓰기 위해 저의 허리와 눈을 갈아 넣었습니다. 책을 출판해 보신 분은 아실 겁니다. 인세에 비해 저의 희생은 1/100도 되지 않는다고 생각합니다. 그래서 저는 종이

값과 인쇄 및 유통판매업체의 부대 비용 등에 '따뜻한 아메리카노 한 잔(1,500원) 값'을 추가했습니다.

그러니 여러분은 저에게 아메리카노 한 잔을 사주고 이 책을 읽게 되는 것입니다. 물론 저 혼자 커피를 모두 마시지 않습니다. 좋은 곳에 기부하고 있습니다

책을 쓰는 동안 저는 귀염둥이 아들, 딸과 함께 할 행복한 시간을 일부 희생했습니다. 아내와 부모님과 함께 보낼 시간도 일부 희생했습니다. 저의 희생과 교환하여 이 책이 탄생한 것입니다. 역시나 세상에 공짜는 없는 것입니다. 모든 것이 상대적 교환입니다.

발달장애학생의 취업지도는 어떻게 하냐고요? 이 물음에 대한 답도 역시나 '세상에 공짜는 없다'라는 명제로 시작합니다. 모든 것은 무엇인가에 대한 교환에서 시작하기 때문입니다.

그럼 이제 본격적인 이야기를 시작하겠습니다.
부디 이 책이 발달장애학생들의 진로상담 및 취업지도 방법에 조금이라도 도움이 되길 바라겠습니다. 여러분의 희생과 교환활동을 멀리서 응원하겠습니다.

그럼 달팽이도 좋은 거네
천천히 가니까

아내의 친구네 가족과 여행을 갔습니다.

창녕의 우포늪은 아름다움 곳이었습니다. 우리는 아이들과 함께 자연속을 걸었습니다. 풀과 나무를 보았고 자연은 행복한 감정을 일으켰습니다. 아이들과 물고기 박물관을 관람하고 미꾸라지 잡기 체험을 했습니다. 우리는 여느 가족처럼 신나게 놀았고, 숙소에서 맛있는 음식도 직접 만들어 먹었습니다. 회색빛 도시를 떠나 푸르른 자연을 만난 아이들은 신나서 뛰어다녔습니다.

둘째 날 아침, 우리는 조금 일찍 일어났습니다. 그리고 우포늪 주변을 산책하며 걸었습니다. 첫째 공주가 저에게 소리쳤습니다.

"아빠! 달팽이예요!"

첫째 아이는 달팽이를 마주하였습니다.

작고 예쁜 생명체를 신기해하며 구경했습니다. 아이는 고사리 같은 작은 손으로 달팽이를 콕콕 만져보았습니다. 저는 달팽이를 잡아 아이의 손바닥에 올려주었습니다. 아이는 조금 무서워하더니 이내 달팽이와 친구가 되었습니다. 이른 아침이라 길가에도 달팽들이 많이 보였습니다. 꼬마 공주는 달팽이가 지나간 자리에 생긴 자국을 신기했습니다.

"아빠!! 아빠!! 여기도 달팽이가 있어요!"

달팽이를 발견할 때마다 아이는 좋아서 연신 소리쳤습니다. 천진난만한 미소를 띠며 작은 생명체의 꼼지락거림에, 그 움직임에 감격했습니다. 아이가 저에게 물었습니다.

"아빠, 달팽이는 왜 이렇게 느려요?"
"글쎄, 달팽이도 나름 열심히 걷고 있는 것 같은데?"
"그럼, 새는 왜 그렇게 빨라요?"
"새는 날개가 있어서 날 수 있으니까?"
"나도 날개가 있으면 좋겠다. 그럼 빨리 갈 수 있잖아요"
"빨리 갈 수 있다고 꼭 좋은 건 아니야.
 이렇게 아빠랑 천천히 걸으니까 달팽이도 만나고 좋잖아?
 기분 좋은 공기도 마시고 그렇지?"

"네! 아, 그럼 달팽이도 좋은 거네. 천천히 가니까"

달팽이도 좋은 거네. 천천히 가니까…
아이와 대화를 하며 우리 학생들이 생각났습니다.

일반학교에서 근무할 때 학생들은 정말 바빠 보였습니다. 대부분의 학생들이 국어, 영어, 수학, 사회, 과학, 논술에 독서실까지. 여러 학원을 맴돌다 해가 지고 밤이 되어서야 집으로 돌아올 수 있었습니다.

학교 공부로는 부족한 걸까요?
정말 그런 걸까요?
아니요. 아닙니다.

교사로서 보는 제 관점은 그렇지 않습니다. 학생들은 공부가 부족한 것이 아닙니다. 사색의 시간이 부족한 것입니다. 자신의 삶을 돌아보고 철학적인 고민을 할 '나만의 시간'이 부족한 것입니다. 자신을 돌아볼 시간이 부족하니, 자신의 삶에 대한 확신이 서지 않습니다. 악순환처럼 확신이 부족하니 남에게(학원에게) 의존하려합니다.

어떻게 살아야 하는지 내 삶에 관한 확신은 생기지 않습니다. 그래서 이리저리 매일을 바쁘게 쳇바퀴를 굴리지만, 정작 삶의 가장 중요한 본질을 놓치게 됩니다.

세상의 시계는 초고속으로 돌아갑니다.
주변에선 계속 빨리 걸으라고 재촉합니다.
경쟁에서 뒤쳐지지 않아야 행복한 것이라고 주입합니다.
남들과 비슷한 속도로 걸어야 한다고 강요합니다.
그런데 과연 우리는 빨리 걸으면 행복할까요?

생각해 봅시다.
영어 학원에 다니면 점수가 높게 나와야만 하는 걸까요? 과학 경시 대회에 나가면 꼭 상을 받아와야 하나요? 스무 살에 되면 반드시 좋은 대학에 들어가야만 하는 건가요? 마흔이 되기 전에는 꼭 결혼을 해야만 하는 건가요? 그런가요? 과연 이것이 '행복의 절대공식'일까요?

우리들은 더빨리 쳇바퀴를 굴려야하는 촉박한 마음으로 살고 있는 것이 아닐까요? 속도경쟁에서 그렇게 하루하루를 겨우 버텨 내며 살고 있는 것이 아닐까요? 남들의 속도에 맞춰 빠르게 걷기 는 것은 행복일까요?

답은 자연에 있습니다.

달팽이는 그 나름의 속도가 있습니다.

남들이 보기엔 아주 느린 속도의 달팽이.

그렇다고 달팽이는 불행하지 않습니다.

달팽이는 행복한 삶의 속도로 살고 있는 것입니다.

우리들 각자도 그 나름대로 속도가 있습니다.

달팽이처럼 말이죠.

우리는 천천히 걸어도, 짧은 보폭으로 걸어도 충분히 행복할 수 있습니다. 앞으로 제가 전해드릴 이야기는 바로 발달장애 학생들의 이야기입니다. 발달장애란 일반적으로 지적, 자폐성 장애를 통칭하는 말입니다. 이 책에서는 주로 지적장애와 자폐성 장애 학생들의 이야기를 다룰 것입니다. 물론 학습장애 학생들의 취업지도에도 도움이 될 것입니다.

사실 저는 이 '장애'라는 용어가

거북하고 마음에 들지 않습니다.

평소에도 이 용어를 사용하고 싶지 않습니다. '장애'라는 단어가 주는 그 어감이 상당히 부정적이기 때문입니다. 현재 '장애'라는 용어는 불행하게도 상당히 비합리적이고 부정적, 비하적 의미가 녹아있습니다. 그래서 저는 이 '장애'라는 용어가 상당히 불편합니다. 아직 우리 사회에서 일반적으로 사용하고 있어, 마음이 아프지만 어쩔 수 없이 이 책에서도 '장애'라는 용어를 사용하게 되었습니다.

지적, 자폐성, 학습장애는 서로 명확히 구분되는 몇 가지 특징이 있습니다. 반향어의 사용, 주변 자극에 대한 반응 등에서 차이점이 있습니다.

그럼에도 단 하나의 공통점이 있습니다.
바로 갈 곳이 없다는 점입니다.

갈 곳이 없습니다.
아이들이 갈 곳이 없습니다

사람들은 장애인복지관이 있지 않냐고 되묻습니다. 복지관은 졸업을 앞둔 장애학생 모두를 수용할 수 없습니다. 관련 시설은 부족하고 누적된 미취업자는 점점 쌓여갑니다.

혹자는 또 이렇게 묻습니다. 엄청나게 큰 장애인생활시설을 만들어 모두 같이 수용하면 되지 않겠냐고 말입니다. 저는 이렇게 반문합니다.

만약 자신이 달팽이라면 어떨까요?

투명한 곤충 채집 박스에 들어가 평생을 그 안에서 살아야한다면요? 과연 그 마음이 어떨까요? 발달장애 학생들은 일반 사회로 나와 제 역할을 하며 살아가야 합니다. 달팽이들이 자연에서 마음껏 숨쉬며 살아가는 것처럼 말이죠. 충분히 근로 능력이 있는 장애학생들은 다른 사람들처럼 평범하게 일하고 제 몫을 하며 살아야 하는 것입니다.

저는 수년 동안 장애학생들의 취업을 담당했습니다. 안타깝게도 제가 보는 장애학생의 취업 현실은 매우 어둡고 긴 터널 같은 느낌입니다. 다수의 발달장애학생들이 수년 동안 학습실패, 취업실패를 거쳐가야만 합니다.

사람들은 말합니다. 우리 나라는 선진국이다. 우리 대한민국은 G20에 포함되어 이제는 선진국의 반열에 올랐다. 그러나 저는 아직 멀었다고 생각합니다. 빨리 성장하기만 해서는 선진국이라 볼 수 없습니다. 우리 사회에서 소외 받고 있는 사람들과 함께 성장해야만 진짜 선진국이라 자부할 수 있습니다.

장애학생의 부모님이 저에게 묻습니다.
선생님, 우리 아이는 졸업하면 어디로 가나요?
우리 애가 과연 일할 수 있는 곳이 있을까요?

제 가슴이 콱막혀 옵니다.

답답함이 목을 조르는 것 같습니다. 비상구는 어디에 있을까
요? 왜 발달장애학생들을 위한 비상구는 보이지 않을까요? 갈 곳
없는 학생들의 얼굴이 하나둘 떠올랐습니다. 깊은 한숨이 새어 나
왔습니다.

발버둥 쳐보기도 했습니다.

어떻게든 발달장애학생들을 취업시키고 싶었습니다. 학생들
을 데리고 이곳저곳 면접을 다녔습니다. 악착같이 매달려보았습
니다. 학생들의 취업으로 가끔 기쁠 때도 있었습니다. 하지만 그
보다 훨씬 더 많은 시간을 좌절감 속에서 견뎌야 했습니다.

취업은 겨우 한 두 명이었고.

늘 아픈 손가락은 아홉 개가 넘었습니다.

그래서 저는 방향을 바꾸기로 했습니다.

이제는 다른 공략법이 필요하다고 느꼈습니다. 저는 이제 혼
자가 아니라 '함께 부딪히기'로 했습니다. 저는 무거운 짐을 혼자
들려고 했습니다. 돌아보니 저는 정말 어리석고 바보같은 실수를
한 것입니다. 이미 제 주변에는 훌륭하고 뛰어난 '우리 편'이 많다
는 것을 간과한 것입니다.

저부터 어리석은 실수를 만회하려 합니다.

먼저 발달장애학생들의 이야기를 우리 사회에 들려주려 합니다. 그래야 세상이 우리 아이들에게 손을 내밀 것입니다. 저를 믿으세요. 세상엔 훌륭한 '우리 편'이 많습니다. 우리가 아직 발견하지 못했고, 손을 내밀지 않았을 뿐입니다. 우리가 먼저 사회에 도움의 손을 내밀어야 합니다. 도와달라고 목소리를 내세요. 도와달라고 말하는 것을 두려워하지 마세요. 우리 아이들의 미래를 위한 일입니다.

/

세계지도 퍼즐 맞추기

누구나 한 번쯤은 '퍼즐'을 맞춰 본 경험이 있을 겁니다. 정확한 위치에 하나씩, 하나씩 퍼즐 조각을 올립니다. 처음엔 어렵고 힘들지만 점점더 몰입하게 되고 퍼즐의 즐거움을 느끼게 됩니다. 혼자서 퍼즐을 맞추는 것도 좋지만, 친구들과 함께 해보세요. 엄청나게 큰 세계지도 퍼즐을 함께 맞추는 것은 또다른 재미입니다.

이 책은 여러분께 같이 놀자고 하는 것입니다.
함께 '퍼즐'을 함께 맞추어 보자는 것이죠.

발달장애학생들의 취업을 '퍼즐 놀이'로 생각해 봅시다.
이것이 이 책의 핵심입니다.
남들이 보기에는 조금 느리게 걷는 친구들이 있습니다.
바로 발달장애학생들입니다.
이들은 그저 나름의 속도로 세상을 걷고있을 뿐입니다.
그들은 결코 불행하거나 불쌍하지 않습니다.
학생들은 그 나름의 속도로 행복하게 살고 있습니다.
앞으로 이 달팽이들의 이야기를 담담히 전하려 합니다.
이 책은 장애학생들을 위한 책입니다.
그리고 동시에 여러분의 행복에 관한 책이기도 합니다.

달팽이들의 험난한 모험담을 들려주기에 앞서.
다시 한 번 이 말을 머릿속에 각인하길 부탁드립니다.
모든 이야기는 여기서 출발합니다.
"그럼 달팽이도 좋은 거네. 천천히 가니까."

중요한 건 명칭이 아니라
본질이다

어떤 개념을 설명할 때
가장 좋은 단어는 쉬운 단어입니다.

어떤 생각을 표현할 때
가장 좋은 글은 쉬운 글입니다.

　그런데도 자꾸만 어려운 용어를 사용하려 합니다.
　법조계는 아직도 한자가 빠지지 않습니다. 의학 계통은 영어
나가 필수입니다. 특수교육 분야도 역시 마찬가지입니다. 왜 이렇
게 어려운 전문용어를 사용할까요? 어떤 개념은 쉬운 단어로도 충
분히 설명할 수 있는데 말입니다.

가짜 전문가들은 전문성이란 허울 좋은 껍데기로 포장해서, 아직도 무엇인가를 어려운 단어로 표현하곤 합니다. 심지어 과거에는 '정신박약아'라는 용어로 지적장애를 낮잡아 표현하기도 했습니다.

개념을 정의하는 일은 매우 중요합니다.

특히나 명칭, 그러니까 사람이나 사물의 이름과 개념을 정의하는 것은 신중해야 합니다. 포괄하는 용어는 빠른 이해와 편리성을 줍니다. "학용품 사러 가는 길이야"라는 말을 들으면 우리는 거의 자동으로 '학용품'이란 용어가 무엇을 의미하는지 알 수 있습니다. 학용품의 이미지가 무의식적으로 떠오르게 되는 것입니다.

그런데 명칭을 사용하는 데 있어 더욱 신중해야 하는 경우가 있습니다. 바로 어린 학생들을 대상으로 하는 분야입니다. 명칭이란 그 대상의 개념뿐만 아니라 일반적으로 통용되는 이미지와 분위기까지 포괄하기 때문입니다.

"노랑색"
무엇이 떠오르시나요?

'노란색'이라고 하면 무엇인가 밝고, 따뜻한 이미지를 떠올리게 됩니다.

노란색 병아리, 노랑 나비, 노란색 꽃처럼… 무엇인가 긍정적이고 기분 좋은 이미지가 형성되는 것입니다. 물론 '노란색'이란 단어는 그저 색깔을 표현하기 위해 만든 것입니다. 하지만 오랜 시간에 걸쳐 '노란색'이란 용어에 어떠한 사회문화적, 인문학적 이미지가 투영되고 녹아내린 것입니다.

그렇다면 '바보'라는 단어는 어떤가요?
'장애인'이란 용어는 어떨까요?

안타깝게도 우리 사회는 아직도 '장애(인)'이란 '무엇인가 미숙하거나 부족한 혹은 바보 같은'이란 부정적 이미지가 강하게 녹아내려 있습니다. 의식적, 무의식적으로 말입니다. 사실 '장애'라는 용어의 명칭은 수년 동안 꾸준히 변해왔습니다. 기능장애(impairment)에서 능력 장애(disability)로, 그리고 사회적 불리(handicap)등으로 말입니다. 장애의 범주와 개념 정의가 좀 더 나은 형태로 조금씩 '업데이트' 되었습니다.

왜냐하면 장애로 인한 불편함과 제약을 개인적 차원의 문제에서, 사회적인 문제의 관점으로 바라보게 되었기 때문입니다. 예를 들어 휠체어를 사용하는 지체장애인을 생각해 봅시다. 만약 휠체어 리프트나 높이 조절 책상, 보조공학 등의 사용으로, 일상생활에 불편함이 전혀 없다면 그 사람은 '장애인'이 아닐 수도 있는 겁니다. 신체의 일부에 장애가 있더라도 사회생활을 영위하는 데 전혀 어려움이 없다면 말입니다. 즉 '장애'라는 용어는 그 사람에 따라 결정되는 것이 아니라, 주변 환경에 따라 사례별로 다르게 적용되는 것입니다.

'업데이트(Update)'란 실정에 맞지 않거나 낡은 것을 현재 상황에 맞도록 변경하거나 교체하는 것을 말합니다.

저는 '장애'라는 용어도 이제는 업데이트가 필요해 보입니다. '장애'라는 용어의 본래 의미와 의도가 지금은 너무나 다르게 해석되어 사용되기 때문입니다. 현재 '장애'라는 용어에는 상당히 부정적 이미지가 포함되어 있습니다. 그 본래의 의미가 변질된 것입니다.

아직도 대중들의 눈높이에서 '장애'라는 용어는 '불쌍하거나, 인지력이 부족한, 몸이 불편한, 바보, 능력이 낮은 사람'이라는 의미로 사용되는 경우가 있습니다.

제가 근무했던 일반 학교에서 있었던 일입니다.
두 남학생이 장난치며 복도를 지나고 있었습니다. 친구A가 우스꽝스럽게 넘어졌습니다. 넘어진 친구A를 향해 다른 친구B가 장난스럽게 외쳤습니다.

"야! 장애인이냐?"

두 학생만의 잘못이 아닙니다. 이미 '장애'라는 용어는 누군가 실수를 하거나, 친구들끼리 바보 같다며 놀리고 장난삼아 평가절하하며 툭 내뱉는 단어가 되어버렸습니다.

그런데 말입니다.

서로를 놀리며 장난치던 두 학생이 복도를 지나가고, 뒷편에 C학생이 등장합니다. C학생은 고개를 푹 숙인채 두 학생 옆을 말 없이 지납니다. C학생의 어머니가 바로 하반신 마비 지체장애인 이었습니다. 두 친구의 얘기를 들은, C학생의 마음은 어떨까요?

C학생의 어머니는 정말 바보인가요?
불쌍한 사람인가요?
아닙니다.
그 학생의 어머니는 그저 하반신이 불편할 뿐입니다.

이렇듯 '장애'라는 용어는 의도하든, 의도치 않든 C학생에겐 상처가 되어버렸습니다. '장애(인)'라는 이 용어가 원래의 본의미와는 너무나 다른 방향으로 변질되었음을 느낄수 있습니다. 이런 사례는 여러분들도 충분히 많이 경험하셨을 겁니다.

저도 개선해보려 했습니다.

내가 노력만 하면 개선이 될 것이라 생각했습니다.

저의 경우 수년간 장애인식 개선 연극을 공연해 왔습니다. 이 곳저곳 여러 기관에서 장애 인권 교육도 하였습니다. 장애인식개선 연극대본 책을 출판했습니다. 물론 저말고도 다양한 기관에서 수많은 장애인식 개선 영상을 제작하고 배포했습니다.

하지만 이미 '장애'라는 용어는 우리 사회 전반에서 광범위하게 사용하는 부정적인 대표용어로 굳어 버렸습니다. 공공 인식 개선 활동의 많은 노력에도 불구하고 사회 인식 변화의 속도는 느렸고 변화의 범위도 작았습니다.

그러는 동안 장애 학생과 그들의 가족은
수년 동안 상처와 고통 속에 살아야 했습니다.
미안함과 죄스러움은 우리의 몫인데 말이죠.

문제는 여기서 끝나지 않습니다.
부정적 용어는 부정적 인생으로 이어집니다.

발달장애학생들의 취업은 상당히 어렵습니다.

마치 어두운 터널 속에 갇혀있는 것 같습니다. 빨리 터널 밖으로 나가고 싶지만 길이 꽉 막혀 꼼짝도 못 하는 모습입니다. 그것이 바로 발달장애학생의 취업 현실입니다.

장애학생 실업 문제의 원인이 결코 학생의 능력 부족에만 있는 것이 아닙니다. 저는 그중에서 '장애'라는 용어 자체의 부정적 이미지가 큰 원인이라 판단합니다. 어떻게 그걸 확신하느냐고요?

학창시절 저는 집안 형편이 좋지 않았습니다.
대학교 재학중에는 막노동을 비롯해 수많은 아르바이트를 했습니다. 저에게 노동은 일상이었고 삶이었습니다. 새벽에 일어나 외국인 노동자와 공장에서 대형 철제 사물함을 땜질했습니다. 한여름 뜨거운 아스팔트 위에서 전신주 공사를 했습니다. 아파트 공사장에서 "오가"를 외치며 전선을 밀고 당겼습니다. 그러다보니 웬만한 일자리는 대충 가늠이 됩니다. 어떤 일을 하는지? 어떤 능력이 필요한지? 그 일이 힘든지 혹은 쉽고 편한 일인지 쉽게 파악이 됩니다.

가난한 대학생이었던 저는 학기중엔 도서관, 방학에는 일터에서 살았습니다. 그렇게 살아야하는 것이 당연했고, 그렇게 살아야만 졸업이 가능했습니다. 물론 눈물도 많이 흘렸습니다. 버스 안에서 여기저기 몸에 난 상처를 보며, 또래 친구들과의 비교 속에서 남 몰래 울기도 했습니다. 그러나 역시나 모든 것은 시간이 해결해 주었고, 지금은 힘들었던 과거가 저를 더 크게 성장하게 만들었던 발판이라 생각합니다.

그랬던 제가 수년 동안 취업지도를 하고 있습니다.
발달장애학생들의 직업교육, 취업, 현장실습이 저의 주요 업무인 것입니다. 이러한 업무를 소화하기 위해서는 먼저 발달장애학생의 직업 역량을 정확히 평가할 수 있어야 합니다. 힘들고 괴로웠던 저의 과거가 저의 '무기'이자 '강점'으로 바뀐 순간입니다. 이미 저에게 공장과 노동은 아주 익숙한 분야이기 때문입니다. 다수의 학생들이 제가 걸었던 그 길을 걸어가야 합니다. 저에겐 익숙한 길이죠.

그렇기에 저는 확신합니다.

다수의 발달장애학생들은 취업과 노동이 가능합니다. 제 과거 경험에 비추어 평가해 보자면, 발달장애학생들은 일반인의 직업적 능력과 비교해 전혀 뒤쳐지지 않습니다.
반대로 오히려 지구력이 더 뛰어난 학생도 많습니다. 오직 노동력으로만 따지자면 여리여리한 여선생님이나 어머니보다 운동 잘하고 튼튼한 남학생이 이미 더 훌륭한 노동자입니다. 공장 노동자와 특수교사를 모두 경험했던 제가 보기엔, 장애 학생 실업의 가장 큰 원인은 '능력'에 있음이 아니라 '부정적인 편견과 선입견'에 있음을 확신합니다.

중요한 건 명칭이 아닙니다.
중요한 건 바로 본질입니다.

하반신 마비가 있던 그 분은, 그저 한 아이의 소중한 어머니일 뿐입니다. 우리 모두의 어머니가 그러하듯이 말입니다. 다른 것은 없습니다. 거기에서 '장애'라는 명칭은 불필요합니다. 여기서 장애라는 단어는 '다리가 불편하기 때문에 배려하고, 지원해줘야 할 부분이 무엇인가'에 대한 의미 전달자에 불과합니다. 우리는 명칭이 아니라 본질로 다가가야 합니다.

"그 애는 ADHD야! 내버려 둬!"
"항상 소란스럽고, 사고를 치지!"

이상한(?) 전문가들은 장애학생을 부를 때 간혹 명칭만을 사용하려 합니다. 그 명칭은 어디에서 왔을까요?

대부분 장애와 관련된 용어는 미국식 분류와 용어를 번역한 것입니다. 그렇다면 본질을 생각해봅시다. 이러한 용어는 과연 정확하게 학생을 설명하고 표현할 수 있을까요? 저도 예전에는 그렇다고 생각했습니다. 명칭과 개념 정의가 바로 그 학생의 특성을 나타낸다고 말입니다. 하지만 아닙니다. 우리는 중요한 사실을 놓치면 안됩니다.

우리는 숫자나 명칭을 사용해서
무엇인가를 온전히 표현할 수 없습니다.

다시 한번 노란색을 떠올려 봅시다.
노란색 병아리. 노란색 바나나. 노란색 원피스. 모두가 '노란색'이란 단어를 사용합니다.
하지만 생각해보세요.
하지만 실상 여기에서 노란색은 사실
모두가 각기 다 다른 색깔입니다.
우리는 이 사실을 꼭 기억해야 합니다.

"샛노랗다, 누리끼리하다. 밝은 노랑, 연한 노랑"
혹은 "#ffff00"와 같은 색상 코드를 사용해 봅시다.
하지만 여러분, 우리는 과연
이 세상에 존재하는 모든 노란색을 다 표현할 수 있을까요?
전우주의 노란색을 다 표현할 수 있나요?
불가능합니다.

그저 '대충 이 정도면 될 것'이라 가정합니다. 그리고 인위적으로 구분하고 포괄하여 나눈 것일 뿐입니다. 대자연의 무한함을 한낱 인간의 눈과 도구로 분류한 것 뿐입니다. 이 세상의 모든 사물과 그 특성을, 하나하나의 숫자나 명칭으로 나눈다는 것은 불가능합니다. 그저 공통적인 요소를 뽑아, 하나의 범주를 만들고 편의상의 그것을 하나의 용어로 표현하는 것일 뿐입니다.

용어는 용어일 뿐입니다.
그것은 정답이 아닙니다.
그것은 절대불변의 진리가 아닙니다.

무엇보다 이 세상에
변치 않는 절대 진리란 존재하진 않습니다.

우리는 다른 용어를 선택할 자유가 있습니다.
우리는 다른 용어를 산택할 권리가 있습니다.

독일의 루돌프 슈타이너의 발도르프 특수교육에서는 장애인이란 용어 대신 '도움이 필요한 아이들'이란 의미를 사용합니다. 여기에선 정상과 비정상의 범주로 학생들을 구분하지 않습니다. 슈타이너의 발도르프 특수교육의 관점에서는 'ADHD' 그러니까 '주의력결핍 및 과잉 행동 장애'라고 명칭하지 않고 '사냥꾼 기질'

이 있는 아이라고 표현합니다. 저는 이러한 시각의 관점도 참 괜찮은 표현방법이라 생각합니다.

'학생이라면 교실에 반듯이 앉아야 하고, 조용히 해야 하고, 예의를 갖춰야 해!'라고 생각할 수 있습니다. 그런 관점에서 ADHD 학생을 바라본다면, 그 학생은 전체적으로 낮은 평가를 받게 될 것입니다. 상대적으로 그 아이의 단점에 치중한, 인지적인 평가를 중심으로 다가가기 때문입니다.

하지만 생각해 보십시오.

불과 몇백 년 전만 해도 우리는 사냥과 채집을 하며 살았습니다. 산과 들을 뛰어다니며 토끼를 잡았습니다. 강가에서 물고기를 잡고 살았습니다. 만약 이렇게 과거로 돌아가 수렵채집 시대로 돌아가면 어떨까요? 만약 전쟁이 일어나 그런 시대가 온다면?

그 ADHD 학생은 더이상 사고뭉치 말썽꾸러기가 아닙니다. 아주 민감하며 빠르고, 체력적으로도 강한, 민첩하고 훌륭한 사냥꾼이 되는 것입니다. 아마도 그 아이를 'ADHD'라고 네이밍(naming)했던, 그 전문가보다 훨씬 더 잘 먹고 잘살 수 있을 것입니다. 어쩌면 우리는 이 친구가 잡아주는 토끼를 먹고 살아야 할지도 모릅니다. 이처럼 보는 각도에 따라 장점을 바라보며 용어를 정의할 수도 있는 것입니다.

20년 전 과거로 돌아가 봅시다. 고등학교, 수업 시간입니다. 선생님께서 발표할 사람을 정합니다.

"자, 오늘이 6월 1일이니까 1번, 11번, 21번 나와서 풀어봐!"
2학년 2반 22번.

과거에 우리는 이렇게 분류하기 편한 '번호'로 불렸습니다. 산업화 시대에 빠르게 대량 양산되어야 하는 일꾼이었기 때문입니다. 대량의 근로자들이 많이 필요했기 때문입니다.

'번호'로 불리며 한 사람의 존재적, 철학적 가치는 어느새 사라지고 말았습니다. 과거에는 내가 몇 점인지? 몇 등인지? 몇 등급인지? 그런 양적인 것들이 중요한 시대였습니다.

/

"패러다임 시프트(paradigm shift)"

가치관의 대전환기가 오고 있습니다. 변화의 큰 물결이 일어나고 있습니다. 대량생산, 대량소비의 시대는 이미 저물고 있습니다. 다품질 소량생산, 나만의 소비, 소중한 내가 중요시되는 시대가 다가오고 있습니다. 양적인 시대가 가고, 질적인 가치가 더욱 중요해지고 있는 것입니다.

사람들은 더이상 번호가 아닌 '주체'로서 인정받길 원합니다. 나의 개성과 사람들과의 관계성이 중요해졌습니다. 소중한 '나'의 존재 가치가 더욱 부각되기 시작했습니다. 하드웨어의 발전이 정점에 다다르며, 이제는 소프트웨어의 중요성이 더욱 강조되고 있습니다.

콘텐츠와 코딩 교육이 교육계에 핵심 과제가 되었습니다. 양적인 풍요로움의 시대에서 정서적, 감성적, 철학적 의미가 보다 더 중요시되는 사회로 넘어가고 있습니다. 대화, 상담, 힐링(healing) 등 정신적 안정의 필요성이 떠오르기 시작했습니다. 상대적 격차의 상실감으로 심리적 치유가 점점 더 필요해지게 되었습니다.

자, 이제 깨달을 때가 되었습니다.

전문가란 이름으로 누군가를 감히 쉽게 네이밍(naming)을 해서는 안 됩니다. 명칭이나 숫자만으로 한 사람의 인격체를 쉽게 판단하고 가늠해서는 안 됩니다. 이세상에 절대적으로 완벽한 '가늠 자'는 존재하지 않습니다.

내가 사용하는 그 용어가
그것을 완벽히 표현하지 못한다는 것을 알아야 합니다.
눈감고 만지는 것이 기둥이라 생각하지만
그것은 코끼리 다리일 수 있습니다.

속단하여 생각하지 말아야 합니다.

내가 본질을 안다고 착각하지 말아야 합니다.
명칭이 아니라 그 학생의 이름을 불러야 합니다.
그리고 마음을 열어야 합니다.
사람 대 사람으로 다가가야 합니다.

중요한 건 명칭이 아닙니다.
중요한 건 바로 본질입니다.
그 학생은 ADHD가 아닙니다.
그 학생은 한 인격체, 나와 동일한 사람입니다.

특히나 장애학생들을 대할 때 우리는 전문용어 사용에 신중해야 합니다. 전문가들이 사용하는 생소하고 낯선 용어 때문에 일반인들까지 선입견에 빠지게 됩니다.

무엇보다 '지적장애, 자폐성장애, 학습장애'라는 명칭은 한 학생의 가능성을 작은 보폭으로 가두게 됩니다. 학생은 10km 이상의 거리를 걸을 수 있음에도, 3km 정도밖에 걸을 수 없을 거라 속단하게 됩니다. 무한한 가능성을 작은 유리 상자에 가두게 되는 것입니다. 전문 용어를 사용하며 장애학생의 가능성을 무의식적으로 낮게 평가해 버리는 것입니다.

발달장애학생들은 특별하지 않습니다.

발달장애학생들도 다르지 않습니다. 과거에도 분명 발달장애학생들과 비슷한 사람들이 존재했습니다. 하지만 그들은 평생 시설에 갇혀 살지 않았습니다. 그들도 남들처럼 똑같이 사냥을 하고, 똑같이 농사를 지으며 살았습니다. 다른 것은 하나도 없었습니다. 나름대로 행복하게 잘 살았을 겁니다.

그런데 지금에 와서 갑자기 명칭으로 아이들을 가두고서 '너희는 아마 잘 해내지 못할 거야, 그러니 우리의 보호를 받아야만 해'라며 평가하는 것은 논리적으로 앞뒤가 맞지 않습니다.

저는 지금도 발달장애학생들과 노동하고 있습니다.

함께 제품을 조립하고, 박스를 나르며 일하고 있습니다. 발달장애 학생들도 일반인들처럼 부품을 조립하며 작업을 할 수 있습니다. 10kg 넘는 박스를 옮기고, 이동식 카트를 운전할 수 있습니다. 일반인들보다 훨씬 더 정확하게 완성품의 품질을 검수할 수도 있습니다. 어쩌면 이 글을 읽고 있을 여러분보다 훨씬 빠르고, 오랜 시간을 견디면서 일할 학생들도 많이 있습니다. 발달장애학생 중 일부는 반복적이고 지겹고 고된 노동이, 그저 재미있고 일상적인 놀이로 받아들이는 경우도 있다는 것을 아십니까.

장애 학생들이 할 수 있는 일은 너무나 많습니다.

야채나 과일을 다듬고, 랩으로 포장할 수 있습니다.
카트를 끌고 무거운 짐을 판매대로 옮길 수 있습니다.
식당에서 식탁을 닦고 유리창도 깨끗히 닦습니다.
밀대로 바닥을 깨끗이 청소할 수 있습니다.
무거운 식판을 번쩍번쩍 옮길 수도 있습니다.
지금도 매일 급식소에서 이런 일들을 해내고 있습니다.
침대 시트를 걷고, 청소기로 깨끗이 청소할 수도 있습니다.
밝은 미소로 친절히 인사할 수 있습니다.
손님들의 짐을 친절히 옮겨 줄 수도 있습니다.
한마디로 리조트에도 충분히 취업할 수 있다는 말입니다.
그러니 이제 그 '장애'라는 용어로
학생들을 가두지 않았으면 좋겠습니다

그러니 이제 그 '장애'라는 명칭으로
학생들의 날개를 꺾지 않았으면 좋겠습니다

　아직도 장애학생의 부모님들은 죄인도 아닌데 늘 뭔가에 미안
해하고 눈치를 보게 됩니다. 사실 그들은 아무런 잘못이 없습니
다. 대부분의 오해와 선입견은 우리 쪽에 있습니다. 미안함은 우
리 사회의 몫입니다. 장애학생들의 부모님이 고개를 들고 자녀와
함께 손잡고 더 자유롭게 세상에 나올 수 있도록 응원해야 합니
다. 그러기 위해서 필요한 것이 있습니다.

우리는 조금 더 말랑한 마음을 가진 사람이 되어야 합니다.
조금 더 여유 있고, 친절한 이웃이 되어야 합니다.

저는 그간 많은 일을 했습니다.
아파트 폐자재 처리, 통신선 설치, 만화방, 노래방, 키보드 검수, 대형 철재 사물함 땜질, 지하철 문짝 수리, 전신주 심기, 아파트 전선 깔기, 공사장 철심 제거, 놀이 공원, 옥상 방수 처리 막노동. 시커먼 공장에서 일했습니다. 때론 건물 옥상에 올라 망치로 수십 번 내려치며 방수페인트를 벗겨냈습니다. 저는 제가 경험했던 그 모든 일을, 발달장애학생들도 충분히 해낼 수 있다는 것을 알고 있습니다.

/

저는 돈도 명예도 필요 없습니다.
물론 앞으로도 필요하지 않을 것 같습니다.
그저 바라는 것이 있다면
남은 인생을 창피하게 살고 싶지 않습니다.

하지만 불행하기도
저는 지금 너무나 부끄러움을 느끼고 살고 있습니다.
이 시대를 이끌어가는 40대로서. 두 아이의 아빠로서.

장애 학생들의 실업 문제를 외면하는 우리 사회가.

작금의 현실이 너무나도 부끄럽습니다.

그래서 이것을 조금이라도 바로잡고 싶습니다.

비정상적 사회가 제대로 돌아가길 희망할 뿐입니다.

그러니 복잡하고 어려운 용어 따윈 집어치워야 합니다.

이제는 장애 학생들에게 기회를 줄 시간이 되었습니다.

취업의 기회를 말입니다. 그것이 미래 세대를 위한 우리 사회의 최소한의 '양심'이라 생각합니다. 그리고 저는 여러분이 양심의 운동에 동참할 것이라 굳게 믿고 있습니다.

여러분의 작은 관심과 응원이 장애 학생들에게

그리고 그들의 가족에겐 큰 힘이 됩니다

잊지마세요. 중요한건 명칭이 아니라 본질입니다.

걸레를 꼭 짤 때
거기에 감동이 있다

물 맑은 깊은 산골. 그런 시골에 첫발령을 받았습니다. 그리곤 거의 매일을 늦은 시간까지 학교에 남았습니다. 아무것도 모르는 풋내기 교사라 업무가 서툴렀기 때문입니다. 기안 하나를 올리더라도 주변 선생님들보다 많은 시간이 필요했습니다. 무엇보다 아이들과 도대체 어떤 수업을 해야 하는지 고민이었습니다. 그렇습니다. 저는 능력이 한참이나 부족한 그런 초짜배기 특수교사였습니다.

학생들은 인지적 특성, 학습, 언어능력 등이 천차만별이었습니다. 구두로 의사를 표현하지 못하는 학생이 있었고. 다운증후군 학생은 겨우 간단한 의사소통만 가능한 수준이었습니다. 수개념은 유아에서 초등 6학년까지 개인마다 그 차이가 너무 크게 났습니다.

일단 학습지보다는 직접 손으로 만질 수 있는 구체물을 이용하기로 했습니다. 2차원의 교과서가 아니라 보다 현실에 가까운 3차원 중심의 교구, 실습이 필요하다 느꼈습니다. 먼저 밥솥을 사서 요리 실습을 했습니다. 다음 날은 학생들이 좋아할 만한 보드게임을 잔뜩 샀습니다. 또 어느 날은 체육선생님에게 부탁하여 강당의 2층 창고를 빌려 깨끗하게 청소했습니다. 이곳을 장애학생들을 위한 아지트처럼, 별도의 공간으로 만들어 주고 싶었습니다. 남들 눈치 보지 않고 마음껏 운동하며 즐겁게 뛰어놀 수 있도록 말입니다.

하지만 뭔가…
말로는 설명할 수 없는
공허함을 느꼈습니다.

내가 지금 제대로 하는 게 맞나? 자꾸만 이런 생각이 들었습니다. 제 수업에 의구심이 생겼습니다. 뭔가 혁신적이고 전문적인 것을 하고 싶었습니다. 하지만 언제나 채워지지 않는 것 같은 그런 이상한 느낌이 들었습니다. 그렇게 언제나 찝찝한 물음표를 가슴에 지닌채 학교생활을 이어갔습니다.

물론 학교에선 티 나지 않게 잘 지냈습니다. 다른 선생님들께서 보기엔 특수학급은 늘 신기하고 재미있는 활동이 많은 곳이었습니다. 동료 선생님들은 "참 대단하다, 아람반은 재밌는 거 많이 하네. 부럽다"라고 말씀하셨죠. 하지만 저는 여전히 만족스럽지 않았습니다. 확신 없는 제 수업이 부끄러웠습니다.

'그냥, 하루 수업 때우려고 출근하냐?'

양심이 콕콕 저를 찔렀습니다. 답답한데 주변에는 말도 못 하니 참 괴롭더군요. 그래서 그냥 매일 저녁까지 교무실에 앉았습니다. 이렇게 고민이라도 하는척 했습니다. '멋진 답을 내놓지 못해도 이렇게 늦은 시간까지 고민하고 있어'라는 핑계가 필요했던 것이죠.

주말에 대형 서점으로 갔습니다. 전공책을 몇 권 샀습니다. 책 속에서 답을 찾아보자 싶었죠. 하지만 전공서에도 제가 원하는 명쾌함은 얻지 못했습니다. 빠져나갈 수 없는 '미로'에 갇힌 기분입니다. 이렇게 날마다 교무실에 앉아있어야만 하나? 스트레스가 쌓이고 가슴이 답답했습니다.

다행히 시기적절하게 1급 정교사 연수를 받게 되었습니다.
교사들은 교육경력 3년 이상이면 대개 1급 정교사 자격 연수를 받습니다. 약 한 달 정도의 과정입니다. 당시엔 저처럼 직업교과 전공 특수교사는 전국에서 함께 모여 연수를 받았습니다. 너무나 기쁘고 좋았습니다. 가슴이 두근두근했습니다. 전국의 여러 사례, 다양하고 기발한 아이디어를 접할 수 있었기 때문입니다.

최고의 학습은 모방입니다. 조금 나쁘게 말하자면 모범사례를 컨닝하려고 하였습니다. 제 능력이 미천하니 다른 선생님들의 아이디어라도 도용하자고 마음 먹었습니다. 그만큼 저는 한계점을 느끼고 있었습니다. 제 양심 고백이 들려왔습니다.

너는 여전히 환자 맥도 잡을 줄도 모르는
그런 엉터리 의사 같은 선생이잖아?
이런 고민과 함께 연수장으로 향했습니다.
　...

어느 날, 나이가 지긋한 강사님이 들어오셨습니다.
머리는 희끗희끗 했고 젠틀한 이미지에 영국 신사 같았습니다. 친절하면서도 약간은 도도한 인상을 풍깁니다. 현직 특수교사라고 자신을 소개하시고, 무선 마우스를 연결하셨습니다. 당시에는 무선 마우스도 그렇게 흔하지 않았습니다. 알고 보니 그 선생님께서는 그 유명한 키세넷, 그러니까 웹사이트에 특수교육 교육과정 자료를 정리하고 탑재한 분이었습니다.

매우 작은 저의 눈이 번쩍 띄었습니다.

이렇게 대단한 분을 만나다니!!!

감격이었습니다. 심장이 쿵쾅거렸습니다. 김태희라도 본 것처럼 두근거렸습니다. 이것이 바로 팝콘각이라는 것인가 싶더군요. 현직 특수교사 선배님들 중에 저에게 딱 맞는 분을 만난 것 같았습니다.

영화 〈어벤져스〉를 보러 온 어린아이처럼, 저는 맨 앞줄에 앉아 그분의 이야기에 귀를 기울였습니다. 드디어! 그 노신사분께서 말씀을 시작하셨습니다. 드디어 고대하던 강의가 시작되었습니다. 저는 재빨리 필기를 준비했습니다.

"반갑습니다. 여러분!"
'그래! 드디어 시작인가 보다! 오! 뭐가 나올까! 빨리빨리!!'
제 마음이 타들어 가는 것 같았습니다.

"저는 얼마 전에... 학생들과... 복도청소를 했습니다"
'예? 복. 도. 청. 소. 라고요?'
'에라이~ 복도 청소라니…'

'그건 그냥 말로 해도 되는 거잖아요. 그것을 굳이 무선 마우스를 사용하시나요?, 파워포인트를 사용해 청소 사진으로 보여주실 필요가 있나요? 여보세요, 선배님…. 키세넷을 만드셨다면서요? 네??????? 에라이 사기꾼 같은 사람아!!!'

하마터면 제 속마음을 외칠뻔 했습니다.

배신감이 들었습니다. 저는 뒤통수를 확 때려줄 그런 신선한 자극을 원했습니다. 좀 더 고급스럽고 수준 높은 전문성을 원했습니다. 드디어 혁신적인 무엇인가를 배울 수 있다고 기대했습니다. 하지만 40분 동안, 저는 복도 청소한 얘기를 들어야 했습니다.

/

그리고 그렇게 세월은 흘렀습니다

5년 아니 6년? 그 정도의 시간이 지났을까요.

다시금 그 노신사 선배님을 떠올려 봅니다. 저는 반성했습니다. 그 노신사분의 철학이 옳았기 때문입니다. 그 선배 특수교사의 교육 방향이 정확히 맞았기 때문입니다. 경력은 그냥 쌓이는 게 아니구나 싶었습니다.

새로움에 목이 마른가요?

전문가를 애타게 찾고 있나요?

특수교육이나 직업훈련을 하자고 하면 사람들은 가끔 화려하고 멋진 것들을 찾습니다. 먼저 고급스럽게 특별실을 리모델링합니다. 값비싼 시설물과 기자재로 꾸미기 시작합니다. 최고급 교구

장을 넣고 작업대도 넣습니다. 여기까지만 해도 수천만 원이 들어갑니다. 하지만 이것은 시작에 불과합니다.

특별실에는 평가도구, 게임기, 냉장고, 커피머신, 보드게임까지 모두 장만합니다. 백화점이라도 온 것 같은 뭔가 플랙스한 그런 특별실이 만들어집니다. 화려하고 전문적인 느낌을 주는 그런 것들을 갖추려 합니다. 그런데 과연 거기에 답이 있을까요?

과연 거기에 장애학생들의 미래가 숨겨져 있을까요?
저는 이렇게 생각합니다.
더하기도 모르면서 곱하기를 배운다고요?

/

가장 기본은 청소입니다.

어디든 막내로 들어가면 청소부터 합니다.
빗자루로 쓸기, 걸레 빨기, 창문 닦기, 분리수거, 세탁을 합니다. 그런데 사실 이런 능력도 따지고 보면(세밀하게 과제분석을 해보면) 매우 높은 수준의 작업 동작입니다. '청소는 기본'이란 말은 괜히 있는 것이 아닙니다. 그 학생이 청소를 잘할 수 있느냐는 사실 매우 중요합니다. 청소는 학생의 신체능력, 성실성, 정교함, 직업기술 등을 고루 평가할 수 있는 '기준'이 됩니다.

청소는 일자리의 시작입니다.

병원, 교육기관, 체육관, 리조트와 호텔은 발달장애학생들에게 좋은 일자리가 됩니다. 언제라도 발달장애학생들의 취업처를 발굴할 수 있는 보물 같은 직종이 바로 환경미화 직무입니다. 아무리 로봇 청소기가 발전해도 여전히 사람의 손이 닿아야만 하는 곳이 있습니다. 분리수거나 청소 마무리도 역시 꼼꼼한 사람의 손이 필요합니다. 로봇에 AI가 발전하더라도 환경미화는 아마 몇백 년은 살아남을 수 있는 직업군이 될 겁니다.

/

특수학교 전공과에 근무할 때였습니다.

전공과 1학년에 웃는 모습이 아주 예쁜 A학생이 있었습니다. (전공과는 고등학교를 졸업한 특수교육 대상 학생들이 진학하는 중등 교육기관입니다. 의무교육과정은 아닙니다. 뒤에서 자세히 설명하겠습니다) A학생은 늘 밝게 웃는 모습입니다. 그래서 다른 학생들과도 친하게 잘 지냈습니다. 선생님들도 인성이 좋다고 칭찬을 하셨습니다. 어느 날은 동료 선생님께서 A학생의 손을 보니, 정말 거칠고 투박하더라고 합니다. 담인 선생님은 집안일을 엄청 많이 하고 있다고 합니다.

당연하게도 발달장애학생들의 취업 가능성을 평가하고 살펴보는 것이 저의 주요 업무였습니다. 야구에 비유하자면, 주전 투수를 뽑는 것과 비슷한 과정입니다. 누가 가장 공을 잘 던지는지, 누가 가장 성실하게 훈련하는지 저는 매의 눈으로 살펴봅니다. 업체에서 능력을 인정받아야 남아 있는 다른 학생들에게도 좋은 영향을 주기 때문입니다.

제가 살펴보니 A학생은 정말 야무지게 일을 잘했습니다. 딱 봐도 다른 학생들과는 달랐습니다. 청소 고수의 내공이 그대로 느껴졌습니다. 걸레를 이리저리 접어가며 책상을 닦습니다. 다 쓴 걸레는 깨끗이 세탁을 합니다. 그리고선 걸레를 꼭 짭니다. A학생은 물이 뚝뚝 떨어질 정도로 강하게 걸레를 꼭 짰습니다.

부모님들은 아실까요?
걸레를 꼭 짤 때 거기엔 감동이 있다는 걸 말입니다.
급식소에 같이 일하던 조리사분들께서 A학생이 걸레를 짜는 모습을 보며 이렇게 칭찬합니다.

"이야~ 일 잘하네!"

어떤 직장이든 십년 정도 경력이면 본능적으로 파악합니다. 새로 온 신입이 얼마나 일을 잘하는 지를 말입니다. 조금만 일을 시켜보면 어느 정도의 일꾼인지 바로 견적이 나옵니다. 정말 성실한지? 실재로 일해 본 경험은 있는지? 손은 빠른지? 게으름을 피우는지? 그런 것들이 선하게 눈에 보입니다. 당연합니다. 경력자들은 수년간을 반복했던 일입니다. 그러니 잠깐만 보아도 바로 견적을 뽑을 수 있는 것입니다.

물론 병아리의 시선은 다릅니다.

신입사원들은 주변에서 자신을 보고있지 않다고 생각합니다. 구석에서 조용히 일하면 티나지 않을 거라 착각합니다. 전혀 그렇지 않습니다. 어느 조직에서든 늘 고참들은 신규 근로자를 지켜보고 있습니다. 슬쩍 지나가면서 몇 초 동안만 휙 봐도, 일머리가 있는 친구인지 판단을 할 수 있습니다. 그리고 이렇게 이야기를 나눕니다.

"에이~ 그 친구는 안돼! 너무 약해"
"이~야! 그 친구 일 잘해, 걸레도 말이야 이렇게 꼭 짜고!!"
"맞아! 정말 야무져! 손이 매워!"

기본 중에 기본이 바로 청소입니다.

예나 지금이나 마찬가지입니다. 앞으로도 그러리라 생각합니다. 다른 분들은 저와 같은, 부끄러운 시행착오를 반복하지 않았으면 좋겠습니다.

수영도 좋고, 볼링도 좋고, 미술치료, 언어치료 다 좋습니다. 그러나 간과하면 안됩니다. 장애학생들에게 정말로 필요한 것은 바로 '생존 기술'입니다. 그러니까 먹고, 자고, 입는, 의식주(衣食住)의 생존 기술이 최우선이라는 말입니다. 예를 들자면 자립기술이 먼저이고 바리스타 자격증은 후순위입니다. 카페 청소도 못하는 학생이 카페라떼를 만드는 바리스타로 고용되는 일은 하늘이 무너져도 없습니다.

청소는 삶과 직결되는 기술입니다.

청소 작업은 손의 기민함, 지속적인 체력, 꼼꼼한 관찰력이 필요합니다. 청소가 생존기술이라는 것은, 그만큼 교육 활동에도 우선순위가 있다는 의미입니다. 그리고 우선순위에 있다는 것은 그만큼 시간 투자를 많이 해야 한다는 말입니다.

스스로 살아가는 법.

'생존 기술'을 터득하기 위해서는 더 많은 시간을 투자해 청소를 해야 합니다. 책상에 앉아 무의미하게 반복하던 캐릭터 색칠하기, 만다라 색칠하기는 이제 멈춰야 합니다. 최소 일주일에 1회 이상은 청소 카트를 끌고 학교 여기저기를 청소해야 합니다.

부모님도 도와주셔야 합니다.

학생에게 집안일을 맡겨야 합니다.

설거지, 분리수거, 화장실 청소를 직접 해봐야 합니다. 중요한 것은 '역할 부여'입니다. 일회성이 아니라 매일매일 정기적으로 스스로 일을 해야 합니다. 세상에 공짜는 없다는 것. 세상에 공짜밥은 없다는 사실을 느끼도록 만들어야 합니다. 자기가 맡은 집안

일을 했을 때, 그때 그에 상응하는 보상으로 용돈과 간식을 제공해야 합니다.

규칙이 하나 있습니다. 절대 대신해주시면 안됩니다. 학생들이 청소하는 모습이 조금 미숙하다고, 답답해 하면 안 됩니다. 부모님이 그 일을 대신하면 안 되는 것입니다. 필요한 것은 인내와 칭찬입니다. 누군가 대신해 주는 것은 무의미합니다. 스스로의 반복 훈련과 칭찬의 피드백이 필요합니다. 저처럼 대단한 무엇인가를 찾기 위해 시간을 허비하지 마시기 바랍니다.

기본적이고 일상적인 삶의 기술부터 익히도록 기회를 주시기 바랍니다. 발달장애학생들이 스스로 내공을 기를 수 있도록 옆에서 참아주고 기다려주어야 합니다.

지금도 저는 학생들과 작업하러 돌아다닙니다.
학교 현관과 복도, 경사로가 바로 배움의 장소입니다. 친구들과 큰 유리문을 청소합니다. 세정액을 뿌려 유리창을 깨끗하게 닦습니다. 카트를 밀며 택배 상자를 배달장소로 전달합니다. 그러면서 가끔은 눈물 한 방울 쏙 나올 정도로 야단을 칩니다. 또 어느날은 잘했다고 어깨를 토닥이며, 으쓱할 정도로 칭찬을 합니다. 이런 것이 바로 '진짜 배움'입니다.

정리해 보겠습니다.

우리는 우선순위에 따라 순서있게 차근차근 나아가야 합니다. 바리스타, 제과제빵 자격증을 따기 전에 일단 내 방 청소가 먼저입니다. 이력서와 자소서를 쓰기 전에 쓰레기 분리수거부터 할 줄 알아야 합니다. 면접 훈련을 하기 전에 자기 책상부터 깨끗이 닦을 수 있어야 합니다.

여러분 잊지 마세요.
걸레를 꼭 짤 때 거기에 감동이 있습니다.

표준사업장 대표가
전하는 당부

    이번 장은 장애인 표준사업체 대표님과 대화를 담았습니다. 좀 더 이해하기 쉽도록 "Q and A" 형식으로 작성하였습니다. 현장에서 원하는 근로자, 선호하는 장애학생은 누구인지? 가정에서는 어떤 도움이 필요한지? 취업하고 나면 무엇이 필요한지? 등과 관련된 내용을 담았습니다.

    저와 인터뷰 질문에 답해주신 분은 현재 ㈜아* 표준사업장 대표이사 이**님(이하 대표님)입니다. 표준사업장 ㈜아* 에서는 전체 근로자 중에 장애인 근로자로 80% 이상 등록된 업체입니다. 그러니 장애인 근로자 비율이 상당히 많은 편입니다. ㈜아* 는 주로 자동차 헤드 시트, 기어 손잡이 등의 가죽 부품을 중간 생산하고 있습니다.

대표님은 표준사업장을 운영에 뿐만 아니라 매년 인근 특수학교, 특수학급, 한국장애인고용공단 등 관련 기관과의 연계 프로그램에도 성심껏 협조해주셨습니다. 특히 특수학교 전공과 학생들의 직업체험 실습을 위해서 몇 년 동안이나, 회사 차를 출퇴근용으로 보내주셨습니다. 학생들의 점심 식사도 매번 지원해 주셨습니다.

대표님께서 매번 실습학생들을 둘러보며 옆에서 하나하나 직접 일을 알려주셨습니다. 대단하시죠? 그간의 공로를 인정받아 몇 년 전에는 국무총리상을 수상하기도 했습니다. 저 역시도 특수교사임을 떠나 우리 사회의 한 구성원으로서 대표님을 존경하는 마음이 생겼습니다.

일반적으로 발달장애학생들은 취업 후, 장기적으로 고용을 유지하기가 쉽지 않습니다. 동료와의 관계 문제, 회사 부적응 등으로 한 두 달 안에 회사를 그만두는 사례가 많습니다. '장애인 동료 때문에 힘들다'라는 일반 직원들의 민원을 견디지 못합니다. 결국 다른 직원들 때문에 발달장애학생을 그만두게 하는 업체 대표님들도 있습니다. 하지만 (주)아* 대표님은 참고 기다려주셨습니다. 발달장애학생들이 성장하는 것을 쉽게 포기하지 않았습니다. 고용 유지를 위해 학생들뿐만 아니라 보호자와도 직접 많은 시간 대화를 나누셨습니다. 잠시 회사를 쉬더라도 다시 도전해 볼 수 있는 기회도 주셨습니다.

제 입장에서는 그러한 수고로움이 참 감사했습니다. 대단해 보였습니다. 아마 작은 회사라도 운영해 본 분이라면 아실겁니다. 한 사업체의 대표가 이렇게 작은 부분까지, 장애인근로자 한 명까지 세심하게 신경쓰기가 어렵다는 것을 말입니다.

인터뷰는 발달장애학생들과 보호자를 대상으로 취업 및 직장생활 전반에 대한 내용을 담았습니다. 수십 년간 장애 학생들을 직접 고용했던 대표님의 경험을 담았습니다. 현장에서 함께 일해 본 당사자로서의 솔직한 입장을 들어볼수 있는 좋은 기회가 될 것입니다. 취업을 준비하는 장애학생들을 지도하고 상담하는데 훌륭한 참고자료가 될거라 생각합니다.

Q. 대표님, 우리학생들이 취업하려면 어떻게 해야 할까요?

먼저 취업을 위한 마음의 자세가 제일 중요합니다.

학생들은 본인 스스로 살아갈 수 있는 능력을 갖추는 것이 필요합니다. 부모님이나 선생님의 도움 없이 살아갈 수 있는 그런 능력 말입니다. (학생들에게) 여러분이 부모님께 보답하는 일은 취업하여 부모님의 마음의 짐을 덜어주는 것입니다. 예를 들어 자신의 핸드폰 비용 정도는 스스로 낼 수 있어야 합니다. 그리고 취업을 하여 직접 내가 번 돈으로 입고 싶은 것, 먹고 싶은 것을 살 수 있어야 합니다.

사실 직장을 구하고 취업하기가 쉽지는 않습니다.

하지만 포기해서는 안 됩니다. 부모님이 나이가 드시면 혹은 부모님이 돌아가시면 어떻게 해야 할까요? 여러분은 부모님이 옆에 없어도, 앞으로 스스로 살아갈 수 있어야 합니다. 그러니 가능한 모두 취업해서, 돈을 모을 수 있어야 합니다. 부모님들께 한 달에 140만 원 이상 벌어다주는 것은 큰 효도입니다.

사실 일반 학생 중에도 그렇게 부모님들께 돈을 벌어 주는 경우가 많지 않습니다. 여러분도 그 사실을 알아야 합니다. (학생들을 보며) 만약 여러분이 급여로 140만 원을 벌게 된다면, 여러분은 그 돈을 어떻게 사용할 건가요?

K 학생이 손을 들고 대답하였습니다.
"아버지, 어머니, 할머니, 동생에게 선물을 사주겠습니다"

잘 대답했습니다. 자, 이렇게 취업을 하면 여러분들은 주변 사람들을 행복하게 할 수 있습니다. 이렇게 친구들에게 박수를 받을 수 있는 것입니다. 하지만 직장생활이란 것이 그렇게 쉽진 않습니다. 학교와 회사는 엄연히 다릅니다. 회사에서는 여러분이 힘들다고 말해도 혹은 힘들어서 울더라도 봐주거나 하지 않습니다. 그것은 학교에서나 가능한 일입니다. 회사에서 140만 원이 넘는 급여를 받으려면, 여러분은 힘든 일도 견뎌낼 수 있어야 합니다.

대신 월급을 받으면 가족들에게 삼겹살도 살 수 있습니다.

옷이나 휴대폰도 생일 선물로 줄 수 있습니다. 이렇게 나와 우리 가족들이 행복해할 것을 기대하면서 회사생활을 견뎌낼 수 있어야 합니다. 힘든게 번 돈으로 가족들에게 선물을 사주고, 친구들에게 생일선물도 살 수 있다면 여러분은 행복할 것입니다. 그러니 직장새활이 힘들어서 울 수도 있지만, 참고 이겨내야 합니다. 여러분이 참고 견딜 수 있어야 그런 선물도 살 수 있는 것입니다.

다음으로 월급을 관리하는 방법입니다.

만약 여러분이 140만 원을 번다면 80만 원 이상은 꼭 저축해야 합니다. 여러분이 한 달에 80만 원씩 저축하면 1년이면 960만 원입니다. 40년을 벌면 약 4억을 벌게 됩니다. 그러면 여러분은 아파트도 살 수 있습니다.

여러분이 50살, 60살이 되면 부모님이 옆에 계시지 않을 것입니다. 부모님의 도움 없이 여러분이 살아가려면 취업하고 돈을 저축해야 합니다. 여러분은 지금부터 미래에 대해 미리 준비하고 계획해야 합니다. 중요한 것은 미래에 부모님 도움 없이 살려면 취업해야 한다는 점입니다. 여러분이 좋아하는 누군가와 결혼하기 위해서도 여러분은 꼭 취업하고 돈을 벌어야 합니다. 그러니 취업이 될 때까지 계속 도전하는 마음을 가져야 합니다.

Q. 대표님, 직장에서 동료 관계는 어떻게 해야 하죠?

일단 학교와 사회는 다릅니다. 여러분이 졸업하고 사회에 나오면 욕을 해서도 싸움을 해서도 안 됩니다. 학교에서는 선생님들도 도와주시고 해서 좋게좋게 처리될 수 있었습니다. 하지만 사회나 직장에서는 그럴 수 없습니다. 성인이 되면 책임을 져야 합니다. 누군가를 때리면 감옥에 갈 수도 있고, 많은 돈을 물어줘야 할 수도 있습니다.

직장에는 나보다 먼저 일을 하고 있던 사람들이 있습니다.
선배들 중에는 부모님과 비슷한 나이의 어른들도 있습니다. 그러니 예의 있게 행동해야 합니다. 늘 배운다는 자세로 일해야 합니다. 취업해서 같이 근무하는 선배들은, 여러분에게 "이렇게 하세요. 저렇게 하세요"라고 말할 것입니다. 일을 처음 시작할 때는 가능한 선배들의 이런 말을 들어야 합니다. 회사나 공장에는 위험한 물건들이 많이 있습니다. 그러니 선배들의 알려주는 내용을 메모하는 것이 좋습니다.

처음에는 무조건 시키는 대로 해야 합니다.
그래야 안전합니다. 그렇게 몇 년간 일하다 보면 나중에는 저절로 혼자 일을 할 수 있는 능력을 갖추게 됩니다. 그전까지는 선배나 동료들의 조언을 귀담아 들어야 합니다. 다시 말하지만, 회사에는 여러 가지 위험한 물건들이 있습니다. 여러분을 다치게 할 수도 있는 그런 물건들이 있습니다. 그러니 회사에서 선배나 동료들이 "이렇게 해서는 위험해. 다칠 수도 있어"라고 말한다면, 여러분은 반드시 그 내용을 기억하고 있어야 합니다.

회사에는 회사마다 약속된 규칙이 있습니다.

절대 해서는 안 되는 행동을 하지 않도록 주의해야 합니다. 예를 들어, 우리 회사에서는 일하는 동안 뛰는 것을 금지하였습니다. 그리고 장난을 치지 않도록 하는 규칙이 있습니다. 만약 뛰다가 부딪히면 크게 다칠 수도 있기 때문입니다. 따라서 회사에서 위험한 물건, 금지된 행동을 반드시 기억하고 규칙을 꼭 따라야 합니다. 이렇게 내 몸에 일이 숙달되기 전까지 1년에서 2년 정도는 꾸준히 참고 일을 배워야 합니다. 학교와 직장생활은 분명히 다르다는 것을 다시 한번 마음에 새겨야 합니다.

다음으로 중요한 것은 깨끗한 용모와 자기 관리입니다.

매일매일 머리를 감고, 샤워해야 합니다. 만약 여러분의 몸에서 좋지 않은 냄새가 나면 사람들과 함께 일하는 것이 상당히 어렵게 됩니다. 냄새 때문에 따돌림을 받을 수도 있습니다. 함께 일하는 동료들이 싫어하기 때문입니다. 일하는 것은 알려주면 되지만 심한 냄새나 비위생적인 행동은 여러분을 정말 싫어하게 만들 수도 있습니다. 특히 손님들을 대하는 일을 한다면 꼭 깨끗하고 청결한 용모와 자기 관리가 필요합니다.

마지막으로 '인사하기'도 아주 중요합니다.

예를 들어 식당에서 밥을 먹고 나서 식당 아주머니에게 "맛있게 잘 먹었습니다"라고 말해보세요. 아마 식당 아주머니는 상당히 기분이 좋아질 것입니다. 아침에 회사에 출근하며 주변 사람들에게 "안녕하세요"라고 반갑게 인사를 나누는 것도 중요합니다. 인사를 잘하면 주변 사람들과의 관계가 좋아지고, 본인의 능력도 더 인정받게 됩니다.

Q. 취업 후, 가족들은 어떻게 도와주어야 할까요?

직장생활을 시작하다 보면 간혹 실수하게 됩니다. 그런데 처음 일을 시작하는 학생들은 본인의 실수나 잘못을 인정하지 않으려는 경향이 있습니다. 학생들의 이러한 행동이 꼭 나쁘다고 생각하는 것은 아닙니다. 이것은 학생이 자기 자신을 보호하기 위한 행동이라 생각합니다. 하지만 직장생활을 하기 위해서는 그런 실수와 잘못도 이제는 스스로 인정할 수 있어야 합니다.

누구나 동료 관계에 문제가 일어날 수 있습니다. 자신의 기분과 생각에 맞지 않는 기분 나쁜 일이 생길 수도 있습니다. 그 모든 일들의 원인과 결과를 본인의 입장에서만 생각하면 안됩니다. 특히 부모님에게 일방적으로 자기 입장만 이야기하면 작은 사건도 크게 번지는 경우가 있습니다. 그러니 부모님께서도 이러한 일을 미리 생각해 두어야 합니다.

학생들이 회사에서 겪은 힘든 이야기를 부모님에게 전하더라도 어느 정도 선에서 한 귀로 듣고 한 귀로 흘려 들어야 할 필요가 있습니다. 대신 매일 20분 정도는, 학생의 건강 상태에 관해 이야기를 나누며 확인하는 것이 꼭 필요합니다. 그리고 직장에서 칭찬을 받았거나 뿌듯했던 경험 등에 대해서는 서로 이야기를 나누면 좋겠습니다.

다음으로 스마트폰 사용 문제입니다.

늦은 시간까지 스마트폰이나 인터넷 게임을 하지 않아야 합니다. 부모님들께서 특히 이 부분을 협조해 주셔야 합니다. 밤에 휴대폰 게임을 하다보면 다음날 일하는 데 지장을 주게 됩니다. 일반적으로 회사는 학교보다 일찍 출근해서 일을 시작합니다. 그런데 퇴근하고 밤에 게임을 하면 피로감이 누적됩니다. 그러면 하루 8시간 이상 일을 하는 것을 견디지 못합니다. 졸음은 사고로 이어질 수도 있습니다.

오락이나 게임을 하지 않으면 가족들과 대화 시간도 늘어납니다. 가정에서도 안정감도 느낄 수 있게 됩니다. 그러니 취업을 하게 되면 가능한 스마트폰 사용 시간을 줄여야 합니다.

학생들이 수면과 건강, 자기 관리가 잘 이루어지도록 부모님들께서 옆에서 도와주어야 합니다. 밤 10시 전에는 꼭 잠자리에 들어야 합니다. 충분한 수면이 있어야 스트레스도 관리할 수 있습니다. 체력과 스트레스가 잘 관리되어야 합니다. 그래야 장기간 직장생활을 유지할 수 있다는 것을 잊지 않아야 합니다.

Q. 우리 아이는 생각이 어리고, 의사소통 수준이 높지 않습니다. 제가 보기에 지금은 복지관이나 주간보호소 같은 곳만 갈 수 있을 것 같습니다. 일도 단순 작업만 가능한데 취업이 될까요?

학교와 직장생활은 분명 다릅니다. 먼저 본인이 스스로 살아갈 수 있는 능력을 갖추는 것이 우선입니다. 그런데 사실 요즘은 일반 학생들도 서른 살이 넘어서야 취업을 하는 경우가 많습니다. 그러니 발달장애학생들도 35세 전까지는 취업을 시킨다는 생각으로 끝까지 포기하지 않는 것이 중요하다고 생각합니다. 학생이 혼자 살아갈 수 있도록 훈련해야 합니다. 부모님이 계시지 않은 상황에서도 잘 살아갈 수 있는 그런 환경을 만들어주는 것이 필요합니다. 우선 장애인 연금과 일정 수준 이상의 급여를 함께 목표로 하기 바랍니다.

특히 학생들이 노래방이나 술, 유흥 같은 나쁜 길로 빠지지 않도록 관리하는 것이 필요합니다. 부모님 사후에 본인이 받는 연금과 본인이 벌어둔 돈으로 살아갈 수 있도록 시스템을 만들어 주는 것이 필요합니다.

복지관에 들어간다고해서 도전을 멈추면 안 됩니다. 학생의 능력을 체크하고 다음 목표인 보호작업장에라도 들어가기 위해 노력해야 합니다. 그 다음으로 보호작업장에서도 그곳에만 머무르지 않아야 합니다. 다른 곳으로 이동할 수 있도록 도전할 필요가 있다고 생각합니다. 이렇게 학생들이 조금씩 일에 적응할 수 있도록 경력을 쌓아 가는 것이 필요합니다. 어디든지 포기 하지 않고 계속 도전한다는 생각이 중요하다고 생각합니다. 그러니 부모님들은 강한 마음을 가져야 합니다.

팥쥐 엄마처럼 집에서 자녀에게 가능하면 많은 일을 시켜야 합니다. 빨래나 청소, 분리수거, 밥상 차리기 등 가능한 많은 일을 시켜야 합니다. 학생은 성실함을 몸으로 익혀야 합니다. "성실" 그것 하나로 회사를 만들 수도 있습니다.

제가 그랬습니다. 어떤 학생들은 충분히 할 수 있으면서도 게으름을 부리기도 합니다. 이런 학생들은 회사에 오면 바로 압니다. 이렇게 성실하지 않은 학생은 바로 티가 납니다. 이런 학생들은 직장생활을 절대 오래 유지하지 못합니다. 가장 중요한 것은 게으름 없이 성실하게 일하는 태도와 습관입니다. 그것이 중요합니다.

해법은 항상 단순하다

신규 교사 시절, 부끄러운 실패담을 털어놓습니다.

저는 막내 교사였습니다. 그당시 모든 선생님이 큰 교무실에서 함께 지내고 있었습니다. 제 책상 기준 좌우 앞뒤, 20~30년 경력의 선배 교사들이 수두룩했습니다. 저보다 훨씬 나이도 많으셨고 경력 차이도 많이 났습니다. 전 흐트러진 모습을 보일 수 없었습니다. 제 등에는 늘 '긴장감'이란 놈이 한 마리 업혀 있었습니다.

선배 교사들은 바빴지만 여유가 있었습니다. 반대로 저는 작은 업무에도 매번 허둥지둥 진땀을 흘렸습니다. 그들과 비슷하게 일하지는 못하더라도, 최소한 실수라도 하지 않아야 한다고 다짐했습니다. 친절한 선배 교사들에게 저 때문에 피해를 주고 싶진 않았습니다. 그런데 이상하게도 실수를 줄이려고 애를 쓰면 쓸수록 일이 잘 풀리지 않았습니다. 저는 계속 위축되었습니다.

'아이들과 이런 걸 시도해 봐도 될까?'

이런 생각이 들었습니다. 하지만 실패에 대한 두려움 때문에 주저하게 되었습니다. '더하지도 덜하지도 말고 딱 중간만 해라, 줄을 잘 서야 한다. 튀지 않게 중간에 서라'라는 말이 있습니다. 군대에서나 사회에서나 많이 듣는 조언입니다. 맞습니다. 대부분의 학교 일도 이와 비슷합니다.

잘하면 중간이고 사고가 일어나면 정말 큰일입니다. 학교에서는 아무리 좋은 활동이라도 크게 주목받거나 보상받을 일이 없습니다. 큰 상을 받거나 언론에 보도가 되더라도 잠깐 기분만 좋을 뿐입니다. 남는 것은 교사 자신의 만족감. 그뿐입니다.

학교 일은 대충 수업이 30%, 업무가 70% 입니다.
수업보다 업무에 소진되는 몸과 마음의 에너지가 상당히 큽니다. 더불어 공직자로서 실수는 허용되지 않습니다. 공공기관에서 크고 작은 사고는 사회적인 비난까지 감당해야 합니다. 그리고 간혹 비난의 화살, 그 책임감의 무게를 일개 교사에게 전가되기 마련입니다. 그러니 가장 창의력이 뛰어날 때, 저경력 신규 교사들은 저처럼 움츠러들어 있기 쉽습니다. 가장 창의적인 젊은 선생님이 가장 보수적인 교육활동을 하게 되는 것입니다.

미천한 저의 문제는 이것뿐만이 아니었습니다.

'선생님'이라고 하면 어떤 이미지가 떠오르시나요? 바르고 정돈된 모습, 교단 위에 선 모범적인 교사상. 그런 이미지가 아닐까요? 저는 여러분이 상상하는 그런 '바른 교사상'과는 상당히 거리가 먼 사람입니다. 학창시절에도 저는 예민했습니다. 어려운 집안 형편과 부모님의 불화로 신경이 날카로웠고 성질이 좋지 않은 학생이었습니다. 종종 친구들과 싸우기도 했습니다. 공부도 잘하는 편이 전혀 아니었습니다. 모든 것을 잊고 운동장에서 축구하는 것이 가장 행복한 시간이었습니다.

일생을 모범생처럼 살아본 적이 없었습니다.

그런데 막상 교사가 되고 나니 학생들의 '모범'이 되어야 했습니다. 남은 평생을 '모범생'으로 살아주길 주변에서 강요합니다. 저는 학생들이 저를 안 닮았으면 좋겠는데 말이죠. 길가에 무의식적으로 툭 하니 쓰레기를 버리진 않았나? 무단횡단을 하다 학생들이 보진 않을까? 실수로 욕이 튀어나오면 어쩌나... 여러가지 신경이 쓰였습니다. 맞습니다. 저는 실수투성이였고, 서툰 선장이었습니다. 그중에서 가장 후회가 되고 부끄러운 것이 있습니다. 바로 생각의 틀을 벗어나지 못했다는 점입니다.

딩동댕동~!

종이 치면 학생들은 책상에 앉아야 합니다. 학생이라면 바르게 앉아 네모난 교과서를 펴고 연필을 들어야 합니다. 맞나요?

저도 이것이 수업의 정석이라 생각했습니다. 왜냐하면 저역시도 수년 동안 그렇게 수업을 받았기 때문입니다. 종이 치면 저도 역시 학생들에게 빨리 자리에 앉기를 강요했습니다. 누가 의자를 빼앗가는 것도 아닌데 말이죠. 잔뜩 무섭게 미간을 찌푸립니다. 그리고 빨리 교과서를 펴라고 소리를 칩니다. 혈기왕성한 다수의 학생들을 이끌고 나가려면 교사에게 카리스마는 필수입니다.

수업이라면 그래야 하지 않을까?
당연하지 않나요?

어느 교실에나 있을 법한 수업의 한 장면입니다. 저는 뒤늦게 깨달았습니다. 저에게 필요한 것은 전문성이란 이름으로 포장된 권위가 아니었습니다. 전문성과 존경은 강요가 아니라 상대방의 마음속에서 자연히 일어나야 합니다.

어느 날, 거울을 보았습니다.
짜증스러운 제 모습이 보였습니다. 부끄러웠습니다. 어딘가에 숨고 싶었습니다. 마음 한구석에는 나 혼자 편하자고 학생들을 억지로 앉힌 것이 아닌가 싶었습니다.

나는 왜 학생들에게 배움을 강요했을까?
여기는 학교인가 아니면 시설 좋은 감옥인가?
지금 나는 학생을 가두고 있는 것이 아닐까?
반문하게 되었습니다.
후회감이 밀려왔습니다.

그렇습니다.
저는 똥멍청이 교사였습니다.

"선생님 공 차러 가요" H학생이 말했습니다.
"선생님 축구하러 가요" S학생도 말했습니다.
"에이… 안 돼…" 저는 머뭇 거리며 대답했습니다.
"왜요? 쌤! 축구해요!!"
"안돼! 저기 다른 반 체육 수업 중이잖아!!!"

결국 저는 화를 냈습니다. 일반 학급 학생들이 운동장에서 먼저 체육 수업을 하고 있었습니다. 이제가서 뒤늦게 운동장을 함께 사용하자니 눈치가 보였습니다. 더 솔직하게 제 마음을 파고들어 보았습니다.

"특수학급은 맨날 공이나 차고 뛰어 놀기만 해?"

그렇습니다. 저는 이 말이 듣기 싫었습니다.

특수학급이라면 뭔가 특별한 그런 특수교사만의 전문성을 발휘해야만 할 것 같았습니다. 가끔 특수교사를 무시하는 일반교사들을 향한 약간의 반항심도 있었습니다. 그것이 외로운 특수학급 담당 특수교사의 마지막 남은 자존심이라 생각했습니다.

하지만 그것은 저의 오산이었습니다.

그것은 저의 착각이었습니다. 특수학급은 맨날 공을 차고 뛰어놀아도 됩니다. 우리가 해야 할 일은 건강하고 성실하게 그리고 행복하게 학생들을 성장시키는 것입니다. 멀리 보자면 활동적인 수업이 오히려 아이들의 미래와 취업에 더 필요한 일입니다.

왜 굳이 종소리에 집착했을까요?

왜 반드시 교육과정에서 답을 찾으려 했을까요?

왜 그렇게 전문성에 집착하고 본질을 외면했을까요?

저 자신이 너무 한심하고 어리석어 보였습니다

발달장애학생들은 인지능력이 아니라 기초 체력을 먼저 키워야 합니다. 체력 향상이 더 우선순위라는 말입니다. 우선순위라는 것은 시간 투자를 더 많이 해야 함을 의미합니다. 발달장애 학생들은 취업하더라도 힘들다고 중간에 돌아오는 경우가 많습니다. 직장에서의 8시간 이상 노동을 견뎌내지 못한 것입니다.

그러니 저는 학습지를 풀 시간에 학생들과 더 자주 공을 차고 놀아야 했습니다. 즉, 체력을 키워줘야 했습니다. 전문성이고 나발이고 저는 기본도 지키지 못하고 있었던 것입니다. 만약 과거의 저를 만난다면 이렇게 전해 주고 싶습니다.

이봐! 어이~ 고슴도치 선생! 잘난 척하지 말고
학습지 풀 시간에 공이나 더 차라
전문가인 척 으스대지 말고 기본부터 해야한다.

/

몇 년이 흘렀습니다.

감정 기복이 많은 남학생 K군이 있었습니다. 그런 K학생을 위해 함께 야구공을 던지며 캐치볼을 해주는 어느 후배 선생님이 제 눈에 들어왔습니다.

그래, 어쩌면 부모님이 원하는 건 저런 모습이 아닐까?
그래, 학생들에게 진짜로 필요한 것은 바로 저런 게 아닐까?
저렇게 같이 캐치볼을 해 줄 수 있는 그런 선생님이 아닐까?'

모래시계를 거꾸로 되돌릴 수 있다면 좋겠습니다. 그런 일이 가능하다면 저는 과거로 돌아가 학생들과 더 많은 시간 공을 찼을 것 같습니다. 비 오는 날, 진흙탕에서 하는 축구는 얼마나 재미있었을까요? 얼마나 큰 추억이 되었을까요? 우리는 캐치볼도, 물총 싸움도 했을 겁니다. 큰 소리로 웃으며 그렇게 즐겁게 시간을 보냈을 겁니다. 우리는 매일 차 마시는 시간을 가졌을 겁니다. 티타임을 가지며 과자도 먹고 쓸데없는 대화로 더 많은 추억을 나누었을 겁니다. 주변의 시선이나 평가 따위는 신경 쓰지 않았을 겁니다. 매일매일 아이들과 뭐하고 놀까? 그런 고민을 했을 겁니다. 즐겁고 신나는 활동 가운데 배움과 의미를 찾았을 겁니다. 배움 가운데 즐거움을 찾는 것이 아니라요.

시간을 과거로 되돌릴 수 있다면, 저는 학생들과 책상에서 벗어나 세상과 더 자주 만났을 겁니다. 교실을 나와 학생들이 세상과 부딪히게 했을 겁니다. 행정실이나 교무실에 심부름을 시켰을 겁니다. 노동을 경험하게 했을 겁니다. 학교에 카페를 열고 직접 돈을 벌어보게 했을 겁니다. 어른들과 대화하는 기회를 더 자주 가졌을 겁니다. 그러면서 학생들의 표현력을 키워줬을 겁니다.

시간을 과거로 되돌릴 수 있다면 저는 매일 배드민턴을 치고 매주 풋살을 했을 겁니다. 그렇게 하면서 스포츠 매너(manner)를 알려주었을 겁니다. 상대방과 자연스럽게 교감하는 방법을 알려주었을 것입니다. 이것이 배움이 아니라면 도대체 무엇이 배움일까요?

과거 전공과에서 운동을 잘하는 T학생이 있었습니다.

T학생은 배드민턴, 축구 등 다양한 스포츠를 좋아했습니다. 아마 친구 중에서 제일 운동을 잘하는 편이었을 겁니다. 축구나 배드민턴을 해도 일반 성인 남성들과 대등할 정도로 운동 능력이 뛰어났습니다. T학생은 무게 20kg 이상, 외주작업 완성품 박스를 척척 옮겼습니다. 각종 힘을 쓰는 일을 주도하며 작업에 앞장 섰습니다. T학생 정도라면 충분히 취업이 가능하겠다는 판단이 들었습니다. 이정도 운동신경과 체력이라면 과거의 저처럼 공장에서도 8시간 이상 노동도 충분히 해낼 수 있겠다 싶었습니다.

T학생은 자동차 부품을 제조하는 중소 하청업체에서 일을 시작했습니다. 소규모 사업장이었습니다. 직원은 10명 내외였고, 회사 분위기도 괜찮았습니다. 작업 상황을 분석해보니 교내 작업과 비교해도 아주 어렵거나 힘든 일은 아니었습니다. 만약 2주~3주 정도만 견디면 정규 사원이 될 수 있었습니다. 무엇보다 학생을 도와줄 든든한 지원자가 있었습니다. 인사 및 경리를 맡은 담당자의 자녀도 장애가 있다고 했습니다. 이렇게 발달장애 학생을 도와줄 강력한 우리 편이 가까이에 함께 근무하는 경우는 드문 케이스입니다.

문제는 전혀 예상치 못한 곳에서 일어났습니다.

T학생은 드문드문 결근으로 회사를 빠지기 시작했습니다. 지각하는 일이 잦아졌습니다. 이유는 간단했습니다. 힘들다는 것이었습니다. 운동 능력이 뛰어나더라도, 막상 생산직 8시간의 노동을 버티긴 힘들었던 것입니다. 스포츠를 할 때 사용하는 근육과 반복적인 노동에 사용하는 근육이 다르기 때문입니다.

그렇다면 우린 무엇을 해야 할까요?

발달장애학생들은 체력과 지구력이 약합니다. 본격적인 노동을 경험 해보지도 못했고 공장의 압박감도 느껴보지 못했습니다. 이런 상황에서 계속 학습지를 풀어야 할까요? 책상에 앉아 진로상담을 하면 이 문제가 해결이 될까요? 직업흥미도 검사를 하면 없던 일자리가 생길까요?

바리스타 자격증도 좋고, ITQ/워드 자격증도 좋고 다 좋습니다. 하지만 저는 우선순위를 강조하고 싶습니다. 우리는 모든 일을 만능으로 다 잘할 수는 없습니다. 우리에게 필요한 것은 '선택과 집중'입니다. 그중에서 저는 다시 한번 더 '체력'을 강조하고 싶습니다. 튼튼한 근육과 인내력이 바탕이 되어야 합니다. 그렇지 않으면 아무것도 이루어 낼 수 없습니다. 운 좋게 직장에 들어가더라도, 체력이 받쳐주지 못하면 최종 고용으로 이어지지 못합니다. 중간에 포기하고 돌아오게 됩니다. 이것이 학습지 풀 시간에 공이나 더 차야 했다고, 제가 반성하는 이유입니다.

다음은 M학생의 사례입니다.

M학생은 이마트 온라인몰에 훈련생으로 선발되었습니다. 2주만 견딘다면 대기업 정규직 일자리에 들어갈 수 있었습니다. 무엇보다 발달장애학생에게 상당히 호의적인 동료들과 함께 일을 할 수 있었습니다. 함께 일하는 팀장들과 동료들은 친절하고 매너가 좋았습니다. M학생은 암산으로 500원, 10원 단위까지 현금 계산이 가능할 정도로 인지력이 높았습니다. 여학생임에도 어릴 때부터 태권도를 배워서인지 무거운 물건도 번쩍번쩍 들었습니다. 모든 조건과 환경이 좋았습니다. 취업 성공으로 이어질 가능성이 높아보였습니다.

하지만 문제는 역시 교과서 밖에서 일어났습니다.

직장 동료들과 어울리지 못하면 고용에 실패하게 됩니다. 국어, 수학적 능력도 중요하지만 직장에서는 다른 능력이 필요합니다. 주변 사람들과 어울리며 자신의 존재감을 피력하는 능력이 필요합니다. 여느 조직에서나 마찬가지입니다.

M학생은 그런 '어울림의 능력'이 부족하여 최종 취업에 실패하였습니다. 이런 대인관계 능력은 교과서를 읽고 문제 풀이를 한다고 생기지 않습니다. 이런 것은 이론 공부가 아니라 몸의 활동으로 형성됩니다. 그것도 정기적인 반복 활동, 최대한 현실 사회와 가까운 상황 속에서 반복 훈련해야 합니다. 어른들을 만나고 대화하는 연속적인 기회가 제공되어야 합니다.

스포츠나 취미 활동 등으로 어울림의 경험이 필요합니다.

저처럼 똥멍청이 같은 선생님이 되지 않길 바랍니다. 멀리 보기 바랍니다. 각종 자격증이 발달장애학생의 취업 문제를 해결해 줄 거란 믿음은 잘못된 계산입니다. 장애 학생의 취업 문제는 이렇게 단순한 셈으로 풀어지지 않습니다.

학교와 사회는 다릅니다.

학교에서 예상하는 고용시장과 실재 사회의 치열한 고용시장은 다릅니다. 학생들이 가장 먼저 끼워야 할 첫 단추는 '체력'에 있음을 잊지 않아야 합니다. 또한 책이 아니라 '사람'을 통한 문제 해결법을 찾아야 합니다.

부모님들도 숙제가 있습니다.

바로 아이들에게 바람직한 '생활 루틴(routine)'을 만들어 주는 것입니다. 루틴이란 쉽게 말해 '반복되는 생활습관 갖기'입니다. 자녀가 학교에 다녀오면 바로 쇼파에 누어 TV 시청으로 하루를 보내지 않도록 해야 합니다. 매일 30분 걷기 운동, 10분 근력 운동, 10분 줄넘기 처럼, 생활 루틴이 필요합니다.

원래 '루틴(routine)'이란 운동선수들이 최고의 운동능력을 발휘하기 위해 매일 반복적으로, 습관적으로 하는 동작이나 절차를 말합니다. 이런 운동 습관을 갖춘다면 장애 학생들도 더 튼튼한 근육을 가지게 될 것입니다.

'공부'라고 하면 흔히 책상에 앉는 모습을 떠올립니다.

물론 읽기, 쓰기, 셈하기를 통해서도 뇌를 발달시킬 수 있습니다. 하지만 운동을 통해서도 뇌가 발달할 수 있습니다. 이 사실을 잊어서는 안 됩니다. 저는 이 사실이 발달장애학생 직업교육에 시사하는 바가 매우 크다고 생각합니다.

우리 몸은 감각기관과 신경, 근육, 균형감 등이 '대뇌(brain)'와 연결(link)되어 있습니다. 그래서 어린 감각장애학생이나 뇌성마비 학생들을 위한 감각통합훈련이란 것이 있는 것입니다. 몸의 운동도 뇌의 활동, 뇌의 가소성에 큰 도움이 됩니다.

정리해 보겠습니다.

먼저 운동 습관, '루틴(routine)'을 만들어주십시오.

저녁 여유시간에는 산책을, 주말에는 오래 걷기와 근력 운동을 시도하십시오. 반복적으로 꾸준히 하는 것이 중요합니다. 지금 학생의 종아리와 팔을 만져보십시오. 근육이 없나요? 종아리와 팔뚝이 마시멜로우처럼 말랑말랑 한가요?

그렇다면 운동량이 부족한 상태입니다. 부족함을 메워 주어야 합니다. 체력은 취업과 고용유지에 기초 중의 기초라는 것을 꼭 기억해야 합니다. 취업권에 있다고 판단되는 친구들은 부모님과 함께 혹은 전문 트레이너를 통해 근육을 만들길 추천합니다.

다음으로, 어울림이 필요합니다.
'연애를 글로 배웠다'라는 말이 유행한 적이 있습니다. 실재 연애 경험이 없는 사람들이 인터넷이나 글로 배운 연애 방법을 어설프고 웃프게(한편으론 웃기고, 한편으론 슬프게도) 연애하는 모습을 풍자하는 말입니다.

취업은 글로 배울 수 있을까요? 없습니다. 부딪혀야 합니다. 이 책도 읽기해서는 아무것도 남는 것이 없을 겁니다. 이론과 함께 실천을 병행해야 합니다. 여러번 실패를 경험해야 합니다. 면접도 계속 떨어져 봐야 합니다. 그 속에 배움이 있습니다.

많은 어울림의 기회를 가져야 합니다.
장애학생도 다른 것이 없습니다. 일하면서 야단도 맞아봐야 합니다. 스트레스를 견뎌봐야 합니다. 불쌍하다고 실패경험을 주지 않으면 안됩니다. 반대로 칭찬도 받아봐야 합니다. 그렇게 상처도 받아보고, 다시 상처가 아무는 과정을 반복해야 합니다. 그래야 강한 생존력을 가질 수 있습니다.

그동안 우리는 실수하지 않아야 한다고 교육받았습니다. 실수하지 않아야 점수를 올릴 수 있기 때문입니다. 하지만 진짜 배움이란 그런 것이 아닙니다. 점수는 중요하지 않습니다. 본질을 깨닫는 것이 더 중요합니다. 진짜 배움이란 반복된 실수를 통해 형성됩니다. 걸음마도 넘어지면서 배우는 것이고, 자전거도 넘어지면서 배우는 것입니다. 배움이란 100점 짜리 점수가 아니라 나의 성장과 변화라는 본질입니다.

그러니 장애 학생들은 더 많은 현장감이 필요합니다. 교실이 아니라 진짜 세상에서의 감각을 느껴야 합니다. 더 많은 세상 경험이 필요합니다.

저는 실수투성이습니다.
그러나 솔직해지고 싶습니다.

솔직하게 아이들에게 필요한 것이 무엇인지 얘기하고 싶습니다. 책이 아니라 세상과 부딪히며 제가 느끼고 깨달은 바를 전하고 싶습니다. 실제로 함께 일하며 알게 된 훌륭한 일꾼들, 발달장애학생들을 세상의 일터로 내보내고 싶습니다. 그뿐입니다.

제 삶에도 많은 실패가 있었습니다. 방황한 적도 많았습니다. 그렇게 돌아돌아 제 삶을 찾았습니다. 겨우 찾았습니다. 남들보다 많은 시간이 소요되었습니다. 하지만 행복합니다. 학생들도 그랬으면 좋겠습니다.

제가 전하는 깨달음은 간단합니다.
진리는 늘 단순한 모습이라는 것입니다.

우리는 이제 껍데기에 집착하지 않고
알맹이를 튼실하게 키워야 합니다.

보여주기식 교육이 아니라
진정성 있는 교육으로 나아가야 합니다.

무대 밑에 그림자처럼

2020년. 특수교사 S선생님에게 장문의 문자를 받았습니다.

제가 학습연구년에 들어갔고, S선생님은 잠시 저를 대신해 특수학교 진로진학 상담교사 역할을 맡고 있습니다. 최전선에서 발달장애 학생들의 취업과 현장실습, 직업훈련, 취업처 발굴 등의 업무를 하고 있는 것입니다.

S선생님은 많이 힘드셨을 겁니다. 코로나 바이러스가 유행하며 세상이 멈추었습니다. 경제는 서서히 마비되고 있습니다. 일반인도 취업하기 힘든 시기입니다. 장애 학생들의 취업은 어떨까요? 최저시급은 올라가고 반대로 일자리는 줄어듭니다. 사람을 대신해 무인 카페, 무인 아이스크림점, 무인 편의점은 늘어납니다. 면접은커녕 이력서를 낼 만한 기회도 없습니다. 면접 기회를 잡는다고 해도 그건 험난한 과정의 시작일 뿐입니다.

"아직 제 몫을 못 하네요" 사업체 담당자의 부정적인 평가

"사무보조나, 더 좋은 곳은 없나요?" 학부모의 요구 사항

"만일 사고라도 나면 어떻게 하겠나?" 관리자의 우려와 걱정

이것이 끝이 아닙니다.학생의 잦은 출근 지각이나 직장생활 부적응. 회사 동료들의 민원사항 등이 산재해 있습니다. 장애학생의 취업은 이런 험난한 과정을 거쳐야 합니다. 가정에선 편하고 안정적인 일자리를 원합니다. 학교에선 안전이 최우선입니다. 확률적으로 모든 회사에서 크고 작은 사고가 발생합니다. 그러나 현장실습 학생과 관련한 것은 절대 작은 사고도 있어서는 안됩니다. 책임의 화살을 피할 수 없기 때문입니다. 사고가 일어나면 후배들은 아마 현장실습 기회가 더 줄어들 것입니다.

사업체에서는 적당한 인력이 없다고 합니다.

모두 같이 발달장애학생을 꺼리고 피합니다. 겉으로는 티 내지 않지만 현실은 그렇습니다. 발달장애학생들이 갈 곳이 없습니다. 오라는 곳은 거의 없지만 가야 할 곳을 찾아야 합니다.

S선생님이 저에게 보낸 문자에는.

이런 여러가지 복잡하고 힘든 심정을 느낄 수 있었습니다. 발달장애 학생 취업 담당자는 모든 이해 관계자들 사이에 애매하게

그려진 교집합을 찾아야 합니다. 모두가 자신만의 동심원을 그리고 있습니다. 그것을 하나로 모으는 일은 쉽지 않습니다.

가장 힘든 점은 바로 '무게'입니다.

누군가의 미래, 한 가정에 생계에 영향을 줄 수 있는 책임감을 견뎌야 합니다. 반면 주변에서는 그 무거운 책임감을 이해하지 못합니다. 발달장애학생 취업 담당자가 아니라면 이 느낌을 절대 알 수 없습니다. 겪어보지 못한 일이니 당연합니다. 그러니 담당자는 바로 옆에서 근무하는 동료들도 이해 못하는 외로움의 몫까지 견뎌야합니다. 감내해야 합니다. 외로움까지도 업무라 생각해야 마음이 편합니다.

발달장애학생들의 취업 담당자란
정확히 누구를 말하는 것일까요?
도대체 누가 이 업무를 맡고 있을까요?
업무의 선을 명확히 그릴 수 있을까요?

그렇지 않습니다. 누군가 그것을 전공부장의 일이라고 얘기합니다. 누군가는 직업 부장의 역할이라고 말하고, 또 누구는 한국장애인공단 담당자의 업무라고 얘기합니다. 누군가는 복지관에 가면 해결된다고 합니다. 또 다른 사람는 결국 학생과 부모님의 책임이라 얘기합니다.

그러는 사이 '희망 고문'이 시작됩니다.

마치 폭탄 돌리기 같은 게임이 되어버립니다. 모두들 '잘 될거라고, 누군가 해결해 줄 거야'라고 말합니다. 그러나 아무것도 잘되고 있지 않으며, 아무도 해결하지 못하고 있습니다. 마침표를 찍지 못하고 어영부영 되돌이표만 계속됩니다. 결국 무대 위에 아기새는 날아볼 기회조차 가질 수 없게 됩니다.

무대 위에 제대로 서보지도 못하고, 짝짝짝 축하의 박수를 받으며 그렇게 학교를 졸업을 합니다. 그리고 쓸쓸히 시설 좋은 감옥, 새장 안에 갇히게 됩니다.

언제까지 새장 안에 있어야 할까요?
이제는 그 누구도 대답하지 않습니다.

그럼 과연 이 문제를 누가 해결해야 할까요? 공단의 취업 담당자는 수십 명, 아니 몇백 명의 장애인을 맡아야 합니다. 시각장애, 청각장애, 지체장애 등 의뢰하는 내담자가 엄청나게 많습니다. 사업체는 또 얼마나 많을까요? 과연 발달장애 학생 개인 하나하나까지 세세한 손길이 닿을 수 있을까요? 복지관에 사회복지사도, 특수학교 전공부장도, 직업부장도, 진로진학상담교사, 부모님도 고민은 많지만 뾰족한 해결법은 찾기 어렵습니다. 모두 이와 비슷한 이유로 어려움을 겪고 있습니다.

제가 생각하는 책임자는 바로 '우리 모두'입니다.

담당자가 누구냐고요?

누구의 책임이냐고요?

저는 '우리 모두의 책임'이라고 생각합니다.

책임자를 정의하겠습니다. 발달장애학생과 부모님, 특수교사, 학교장 및 교감, 한국장애인고용공단을 비롯. 여기서 끝이 아닙니다. 모든 우리 사회 시민들까지 확장되어야 합니다. 그러지 않고서 이 문제는 절대 개선되지 않습니다. 맞습니다. 책임자는 우리 모두입니다. 모두가 힘을 모아야 합니다.

특수교사 혼자 업무에 영혼을 갈아 넣는다고 해결되지 않습니다. 부모님 혼자 이리 뛰고 저리 뛴다고 해결되지 않습니다. 발달장애학생 혼자 간절하게 바란다고 근본적인 문제가 해결되지 않습니다. 한 때 〈이상한 변호사 우영우〉가 이슈가 되었던 것처럼. 우리 사회 전반에 발달장애학생 취업 문제에 관한 큰 변화의 물결이 일어나야 합니다.

발달장애학생 취업은 우리 사회의 책무입니다.

결코 장애학생만을 위한 일이 아닙니다. 이는 사회의 철학적, 인간적, 인격적 회복을 위해 필요한 일입니다. 어느 조직이든 구성원들이 함께 상생하지 못하면 조직은 스스로 붕괴되고 맙니다.

역사학적으로 긴시간의 텀으로 보자면, 그런 국가는 모두오래 유지되지 못합니다. 왜냐하면 사회란 한 배를 탄 것이기 때문입니다. 한 배에 탄 선원들은 각자의 역할이 있어야 합니다. 그게 작은 일이든 큰일이든 말입니다.

일하다 다친 선원이 있다면 치료해 주어야 합니다. 이것이 보험이며 복지입니다. 외로움을 느끼는 선원이 있다면 포용할 수 있어야 합니다. 그래야 모두가 안정감을 느끼며 사회를 유지할 수 있습니다. 그래야 함께 탄 배가 계속 항해할 수 있습니다.

그렇습니다. 사회란 함께 살아갈 때 존재가치가 있는 것입니다. 그것이 사회입니다. 작은 나사, 톱니바퀴 하나만 고장 나도 시계는 돌아가지 않습니다. 사회라는 시계가 잘 돌아가기 위해 우리는 모두 함께 살아가는 법을 익혀야 합니다. 발달장애학생들과 함께 일하는 것을 견뎌야 합니다. 이것을 견디고 이겨내야 합니다. 발달장애학생도 노력해야 하지만 반대로 일반인들도 견뎌내야 합니다. 그것은 우리 사회 일원으로서 책무입니다. 거부할 수 없습니다. 우리 사회는 치매에 걸린 노인에게 복지혜택을 제공합니다. 모든 국민들에게 공평하게 복지 서비스가 제공됩니다. 그러니 발달장애학생의 취업과 사회적응은 우리 모두의 일이자, 나의 책무입니다.

우리는 자본주의사회에 살고 있습니다.

지금의 자본주의는 점덤 더 심한 양극화 현상이 일어나고 있습니다. 상위층이 대부분의 부를 가져가고 하위층은 생계유지도 어렵습니다. 인플레이션으로 인해 실제 받게 되는 소득의 구매력은 점점 줄어들고 있습니다.

긱 이코노미(Gig Economy) 시대가 도래했습니다.

플랫폼을 통한 임시직, 단기 계약직 일자리가 양산되고 있습니다. 안정적인 일자리가 점점 없어지고 있습니다. 사정이 이렇다 보니 중산층이 점점 사라지고 있습니다. 중산층이 사라지면 어떻게 될까요? 중산층이 얇아지면 구매력이 떨어집니다.

기업에서 아무리 상품을 생산하더라도, 이를 소비할 대상이 대폭 줄어드는 것입니다. 소비층이 사라지면 결국 기업도 유지될 수 없습니다. 소비가 있어야 수익이 발생합니다. 소비자가 있어야 생산도 투자도 존재하는 것입니다. 이처럼 생산, 소비, 분배는 따로 떨어져 있지 않습니다. 이들은 서로 강력하게 연결되어 있습니다. 우리 사회는 모든 사람들이 '연결'되어 있는 것입니다. 즉 발달장애학생의 실업문제도 모든 국민과 '연결'된 문제입니다.

기업도 당연히 '사회적 의무'를 다해야 합니다.

'장애인 의무고용률'이란 책무를 실천해야 합니다. 기업 이익만 챙겨서는 안 됩니다. 급여를 보장하여 중산층을 만들어야 합니다. 물가 상승 대비 실제 연봉을 높이고, 고용안정성을 높여야 해야 합니다. 그래야 소비 시장과 중산층의 구매력이 살아납니다. 소비가 살아나면 다시 생산과 투자, 고용의 선순환이 일어납니다. 그러면 기업은 다시 성장하게 되는 것입니다.

발달장애학생은 이런 선순환 과정이 멈춰 있습니다.

장애학생에게 들어가는 엄청난 예산, 행정적인 투입의 결과가 아무것도 없다면 얼마나 허무한 결말인가요? 저는 지금도 그런 허무한 결말의 영화를 '발달장애학생의 취업 현실'에서 실화처럼 매일 목격하고, 경험하고 있습니다. 그것이 제 업무이니까요.

특수교육은 결과까지 아름다워야 합니다.
일할 능력이 있는 학생들에게는 최소한의 고용 기회를 주어야 합니다. 그래야 우리 사회가 정상적으로 순환합니다. 정상적으로 작동하는 시계처럼 원활하게 돌아갑니다. 그래야 함께 탄 배가 안전하게 순항하게 됩니다. 그러니 우리는 기업과 국가에 당당하게 요구해야 합니다.

우리 사회가 선순환될 수 있도록 발달장애학생의 일자리를 마련하라고 말입니다. 그것은 당연한 권리라고 생각하는데. 여러분은 어떤가요? 일자리 마련은 국가와 기업의 당연한 의무입니다. 일자리가 없다면 발달장애학생과 그들의 가족, 그들의 미래는 어떻게 보장되겠습니까? 아닌가요? 이러한 문제를 회피하고 모른 척하지 않도록 지속적으로 요구해야 합니다.

학교 취업담당자는 무엇을 해야 할까요?
취업 담당자는 날개 없는 천사가 아니라 '그림자'가 되어야 합니다. 무대 위 주인공이 아니라 '무대 밑에 연출가'가 되어야 합니다. 주인공이 제 역할을 할 수 있도록 보이지 않는 곳에서 희생해야 합니다. 비난을 받더라도 어떻게든 교집합을 찾아야 합니다.

앞서 소개한 특수교사 S선생님은 그 역할에 아주 적합했습니다. 이유는 두 가지입니다. 첫째, 헌신적으로 일할 마인드가 있었습니다. 둘째, 업무의 무게와 외로움을 긍정적인 마인드로 견뎌낼 수 있었습니다. 그러니까 S선생님은 '그림자, 무대 밑에 연출가'의 역할을 완벽히 수행하고 있었습니다. 다른 사람들이 몰라주더라도 여유시간에 구인 사이트에 한 번 더 접속하는 것이 업무 담당자에게 필요한 소양입니다. 다른 이들은 커피 한잔하며 얘기 나누더라도 사업체에 전화 한 번 더 해야 합니다.

아마 전국에는 S선생님처럼 심리적 갈등을 이겨내며 진심으로 일하고 있을 선생님들이 있을 겁니다. 이들의 헌신적인 노력에 감사함을 전합니다. 이들의 진정성 있는 울림은 점점 더 세상에 퍼질 겁니다. 그리고 우리 사회를 정상적으로 순환하게 할 것입니다.

저는 7년 동안 장애인식 개선 대본을 썼습니다. 무대 밑에서 연출가를 했습니다. 학생 극단을 운영하며 매년 무대에 공연을 올렸습니다. 저는 아무나 주인공으로 뽑지 않습니다. 선한 영향력이 있는 매력적인 친구를 주인공으로 정합니다. 아무나 주인공으로 뽑지 않습니다. 관객에게 신임을 줄 수 있는 긍정적인 이미지를 갖춘 학생을 선정합니다. 발달장애학생 취업을 담당하고 있을 여러분들도 마찬가지입니다. 그 자리에 있는 것은 그 나름의 이유가 있지 않을까요?

힘들겠지만 이겨내세요.
여러분은 그 일을 충분히 소화할 수 있기에 그 자리에 있는 겁니다. 때론 관리자와 학부모, 공단, 사업체, 학생들까지 등을 돌리더라도 일에 대한 자부심을 가지세요. 자신에 대한 믿음을 끝까지 잃지 않는 것이 중요합니다. 여러 사람들과 일을 하다 보면 심리적으로 소진될 때가 많습니다. 멘탈붕괴가 올 때도 있죠. 일을

하며 가끔 섭섭함을 느끼더라도 괜찮습니다. 진심을 다했다면 털
건 털어버려야 합니다.

완벽한 일자리란 있을 수 없습니다.
완벽한 교집합은 절대 그릴 수 없습니다.
부모님, 관리자, 학생, 사업체까지…
모든 사람이 만족하는 일자리는 존재하지 않습니다.

유토피아가 존재하지 않는 것처럼 말입니다.

삐뚤빼뚤하더라도 괜찮습니다.
어느 정도 괜찮은 모양의 교집합이라면
충분히 의미 있고 가치 있습니다.
교집합은 천천히 넓혀가면 됩니다.

중요한 것은 가능한 많은 사람들과 대화하고
함께 고민하고 함께 문제를 해결하자는 분위기 입니다.
이것만으로도 성공과 다름없다 생각합니다.

특수학급 무엇이 문제이고
어떻게 극복할까?

적을 알고 나를 알아야
전쟁에서 승리한다

체스 게임 혹은 우리나라 장기 게임을 해보셨을 겁니다.

이런 게임에서 이기기 위해서는 상대방과 내 말이 어디에, 어떻게 위치하고 있는지 판단할 수 있어야 합니다. 그래야 게임에서 이길 수 있습니다. 발달장애학생 직업교육에 이를 적용하자면 '고용시장을 알고 나를 알아야 취업에서 승리한다'고 말할 수 있겠습니다.

먼저 나의 조건을 알아봅시다.

특수학급을 이야기입니다.

특수학급이란 무엇인가?

한마디로 일반 학교에 재학 중인 특수교육대상 학생을 위한 별도의 학급을 말합니다. 주변에 일반 학교 안에 설치된 특수학급을 많이 보셨을 거라 생각됩니다. 특수학급은 '통합교육'이란 큰 흐름을 지향하고 있습니다. 쉽게 설명하자면 분리된 교육 형태에서 벗어나, 가능한 최종적으로 그리고 자연스럽게 우리 사회에 소속되어 함께 어우러지는 것을 지향한다는 말입니다.

다수의 특수교육대상학생은 특수학교가 아닌, 일반 학교 내 특수학급에서 지내고 있습니다. 이들은 특수학교가 아닌 일반 학교에 70% 이상 배치 되어 있습니다. 특수교육대상 학생들은 일반 학교 내 특수학급에 약 54%, 일반 학교 내 일반학급에 나머지 16% 가 배치 되어 있습니다. (2018 특수교육통계, 교육부)

그럼 또 특수교육이란 무엇이냐?

특수교육이란 이해하기 쉽게 말하자면, 특별한 교육적 요구(need)가 있는 친구들을 위한 교육과 관련 서비스를 말합니다. 예를 들어 기본 교육과정(교육내용 및 난이도를 더욱 쉽게 수정함), 저시력을 위한 확대 글자, 점자, 음성 디바이스, 수화, 언어치료,

물리치료, 작업치료 서비스 등 이 모든 것들을 포함한다고 생각하면 되겠습니다.

특수교육대상 학생이란 이런 특별한 교육적 요구(need)와 치료 서비스가 필요한 학생들을 말합니다. 예를 들어 지적장애, 자폐성 장애, 청각 장애, 뇌병변 장애, 학습장애 등이 있습니다. 간혹 '장애인 = 특수교육대상자가 아닌가?' 라고 생각하는 경우가 있습니다. 반드시 그런 것은 아닙니다.

한마디로 장애인과 특수교육대상자는 다릅니다.
현재 장애인이란 명칭은 〈장애인복지법〉을, 특수교육대상자는 〈장애인 등에 대한 특수교육법〉을 따릅니다. 학습장애의 경우 특수교육대상자는 맞지만 그렇다고 장애인은 아닙니다. 당연히 〈장애인복지법〉에 따른 복지 혜택은 없습니다. 그러니 학습장애는 특수교육대상자로서의 교육 지원과 서비스만 제공이 되는 겁니다. 학교를 졸업하면 장애 등록도 받을 수 없으며, 장애인과 관련된 복지 서비스나 어떤 혜택도 지원도 받을 수 없습니다. 특수교육대상자로 선정되기 위해서는 특수교육운영위원회에서 판정을 받아야 합니다.

특수학급은 일반 학교에 배치된 특수교육대상 학생을 위한 교육 제도입니다. 장애인 판정을 받았더라도 특수교육대상자로 신청하지 않는다면 특수학급에 들어가지 못합니다. 예를 들어, 하반신 지체장애 학생이라도 특수학급 배치 희망 여부, 인지능력, 심리적인 문제, 적응력 등을 종합하여 배치를 결정합니다. 본인과 보호자가 특수학급 배치를 원하지 않는다면, 특수교육대상자이긴 하지만 일반학급에 배치될 수도 있습니다. 장애인이라고 특수교육대상자라고 해서 무조건 특수학급에 배치되는 것은 아니라는 것입니다.

특수학급의 학생 수는 일반적으로 7명 이하입니다. 이는 학생의 심리적 안정과 효과적인 개별화 교육과정(IEP)을 적용하기 위함입니다. 현재 유치원(4명), 초등(6명), 중등(6명), 고등(7명)으로, 학교급별로 배정된 학생 수에 맞춰 배치하여야 합니다. 만약 A 중학교에 11명의 특수교육대상 학생이 있다면, 특수학급은 2개가 설치가 되어야 합니다. 다만 해당 시도, 교육청, 학교의 사정에 따라 학생 수에 조금씩 차이가 있긴 합니다.

다음으로 전공과는 무엇인가?
전공과란 고등학교를 졸업한 특수교육대상 학생들이 진학하는 교육과정입니다. 전공과의 경우 중등교육과정이지만(무상교육이지만) 의무교육과정은 아닙니다. 시도에 따라 전공과 한 학급의 학생 수는 7명에서 12명입니다. 시도별로 배치 학생 수의 차이가 매우 큰 편입니다.

솔직히 12명의 경증 및 중증의 장애 학생, 담임교사, 사회복무요원, 특수교육실무원까지 한 교실에 들어오면 갑갑한 기분이 듭니다. 학생 안전에도 문제가 발생합니다. 앞으로 이 부분은 분명 개선이 되어야 할 것 같습니다. 전공과 학급당 인원수를 초중고 학생처럼 낮추어야 안전사고가 발생하지 않을 것입니다.

특수학급에서는 어떻게 교육이 이루어질까요?

특수학급 학생들은 부분 참여수업을 진행합니다. 예를 들어 보겠습니다. A라는 학생은 국어, 수학 시간에 일주일 6시간 정도 특수학급에서 수업을 받습니다. 나머지는 통합학급(일반학급)에서 수업을 받습니다. B라는 학생은 미술, 음악, 체육 등 활동적인 수업은 가능한 통합학급(일반학급)에서 수업을 진행합니다. 대신 국/영/수/사/과 등 주요 교과 수업은 10시간 정도를 특수학급에서 수업을 받습니다. 이렇게 특수학급은 시간표가 개인 학생마다 모두 다르게 적용됩니다.

특수학급 참여 수업을 결정하기 위해서는, 다양한 사항을 종합하여 고려합니다. 먼저 개별 학생마다 의사소통 능력, 대인관계, 적응력 등을 평가합니다. 교사는 학생 및 학부모를 상담하고, 일반학급 내 특수교육대상 학생의 적응 상황을 직접 관찰하기도 합니다. 다음으로 다양한 평가를 실시하고 이를 종합합니다. 그리고 개별화 교육지원팀 협의회에서 상담, 관찰, 평가 결과에 대한 상호 의견을 교환합니다.

개별화지원팀에는 관리자, 담임교사, 학부모, 특수교사 등이 포함됩니다. 개별화지원팀 회의를 통해 학생이 통합수업의 정도를 결정합니다. 언제 그리고 얼마나 특수학급에서 수업을 받을 것인가? 쉬는 시간에 학생은 어디에 있을 것인가? 이때 누가 학생을 지도할 것인가? 점심시간에는 누구와 식사를 할 것인가? 등 꼼꼼히 이동사항을 체크하고 담당자를 결정합니다.

특수학급은 통합교육을 지향한다고 말씀드렸습니다.
조금 더 일반교육과정 및 통합학급(일반학급)에서 친구들과 잘 어우러질 수 있도록 지원하는 것입니다. 특수학급에서는 개별화 교육계획(IEP)에 따라 개별 학생마다 부족한 학습능력을 수준별로 지도합니다. 특수교사를 통해 의사소통 능력 및 사회 적응력 향상, 생활지도 및 상담도 이루어집니다. 이를 통해 학교를 졸업하고 사회에 나갔을 때 특수교육 대상 학생들이 사회에 더욱 잘 적응하며 살도록 지원하는 것이 바로 통합교육의 취지(趣旨)입니다.

특수학급의 장단점을 따져볼까요?

특수학급에서는 특수교육 전문가인 특수교사를 통해 개별화된 수준별 수업, 정서적인 휴식과 심리적 안정, 생활지도 및 진로 상담 등 다양한 서비스를 지원받을 수 있습니다. 그러나 그에 반해 특수학급 배치로 인한 주변인들의 따가운 눈총과 선입견이 있을 수 있습니다. 더불어 낮은 평가와 따돌림, 학생의 자존감 하락, 심리적 부적응 등의 악영향이 생길 수도 있습니다. 그러니 반드시 전문가와 여러 번 상담을 통해 신중하게 결정할 필요가 있습니다.

조금 지루하고 어려운 공부였습니다. 하지만 꼭 필요한 내용입니다. 네비게이션으로 길을 찾을 때도, 어딘가 긴 여행을 떠날 때도, 제일 먼저 기준이 되는 것은 바로 '나의 위치'입니다. 그러니 나에게 주어진 조건과 상황들을 세밀하게 파악해야 할 필요가 있습니다. 여행을 떠날 땐 지금 내가 어디에 있는지, 그것부터 알아야 합니다.

"누가 가장 힘이 셀까?"

힘(power)이 가장 중요했던 시대가 있었습니다. 과거에는 힘이 세고 용감한 사람이 부(riches)와 권력을 가졌습니다. 덩치가 크고 힘이 강한 자가 부족의 우두머리가 되었습니다. 큰 힘을 가진 부족이 가장 많은 식량과 땅을 차지했습니다. 비슷하게 16세기 유럽을 필두로 한 대항해시대에는 항해술, 병력, 총, 대포 등 군사력이 뛰어난 나라가 세계를 지배했습니다. 역시나 강한 힘을 가진 국가일수록 많은 식민지를 차지했습니다. 우리 사회와 경제는 그 힘을 중심으로 돌아갔습니다.

지금은 군사력과 경제력을 갖춘 미국이 패권국이 되었습니다. 미국의 화폐 '달러'는 이제 온 세상의 무역과 금융에 사용이 되고 있습니다. 이제는 '자본'이 세상의 중심에 선 것입니다. 결국 우리는 수많은 전쟁과 경쟁을 거쳐, 시장 경제 체제인 '자본주의 사회'에서 살 게 되었습니다. 사회주의 시스템의 계획경제는 성장을 멈추고 도태되고 말았습니다. 중국이나 북한 등 일부 사회주의 체제의 잔재가 남아있긴 합니다. 하지만 큰형님인 중국마저도 이제는 자본주의에 그 시장을 개방하고 있습니다. 글로벌한 큰 변화의 물결을 벗어나 생존할 순 없는 것입니다.

"우리는 지금 자본주의 시대에 살고 있다"
이 사실을 잊지 않아야 합니다.

힘의 시대에는 힘의 논리가 있었습니다. 자본주의 시대에는 이 '자본'에 적합한 논리가 있습니다. 자본주의 세상은 각자도생(各自圖生)의 논리를 바탕으로 합니다. 우리는 이러한 자본주의 경제 체제의 특성을 잘 이해해야 합니다. 그래야 자본주의 세상 속에서 행복하게 잘 생존할 수 있습니다. 구체적으로 자본주의 경제는 어떤 논리와 특성이 있을까요?

자본주의경제의 가장 큰 특징은 '분업화(specialization)와 경쟁(competition)'입니다.

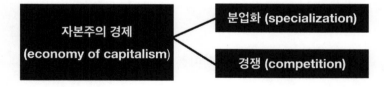

한 사람이 자동차 한 대를 혼자서 만든다면 몇 달이 소요될까요? 아마 엄청난 시간이 필요할 것입니다. 하지만 자본주의 시스템의 분업화는 폭발적인 생산을 가능하게 만들었습니다. 컨베이어에 엔진, 타이어, 본체 등을 부분별로 대량 생산하게 되었습니다. 자본주의는 바로 이 분업화된 시스템을 바탕으로 폭발적인 성장을 이루어냈습니다.

그럼 특수학급에서의 직업교육은 이런 분업화된 시대를 잘 대응하고 있을까요? 앞서 특수학급은 통합교육을 지향한다 하였습니다. 그러다 보니 특수학급은 일반 학교, 일반 교육과정에 상당히 많은 영향을 받고 있습니다. 입시 위주의 주입식 교육, 이론교육에 많은 시간을 할애하게 됩니다. 이것이 바로 문제점입니다.

"한국의 학생들은 하루 15시간 동안 학교와 학원에서 미래에 필요하지도 않은 지식과 존재하지도 않을 직업을 위해 시간을 낭비하고 있다." 미래학자 앨빈 토플러가 남긴 말입니다.

이는 특수교육에도 많은 의미를 시사합니다.
특수교육 분야도 앨빈 토플러의 말을 여러 번 곱씹으며 생각해 볼 필요가 있습니다. 바리스타, 제과제빵, ITQ 자격증이 특수교육계에 유행처럼 번지던 시기가 있었습니다.

그렇다면 과연 몇 %의 발달장애학생들이 바리스타가 되었을까요? 몇 명의 학생들이 제과제빵사로 취업하였을까요? 졸업생들 중에는 과연 누가 워드나 엑셀을 사용하는 직업을 갖게 되었을까요? 부모님과 선생님들은 학생들이 관련 분야로 취업되는 것을 직접 목격하고(데이터를 확보하고), 직업훈련을 하고 있는 것이 맞나요?

발달장애학생들의 취업 결과 데이터를 면밀히 조사해 본다면 우리는 허무함을 느끼게 됩니다. 우리가 생각했던 그 '길'과 현실 속의 그 '길'이 다르기 때문입니다. 예를 들어 바리스타 발달장애인이 2% 정도나 될까요? 문서작업을 주업무로 하는 발달장애학생이 있나요?

/

저는 차별화를 권합니다.

그동안 우리는 비슷비슷하게 닮은 인재들을 대량 생산했습니다. 어디에서든 쉽게 구할 수 있는 흔한 근로자를 말입니다. 이 말은 언제든지 대체될 수 있다는 의미입니다. 직설적으로 말하자면, 하루아침에 실업자로 전락할 수 있다는 얘기입니다. 그러니 우리는 '차별화 전략(Differentiation Strategy)'이 필요합니다.

남들과 동일한 교육, 비슷한 직업훈련을 받더라도 늘 언제나 '나만의 플랜B'를 가지고 있어야 합니다. 대학교를 졸업하고 공무원 공부에만 올인하다, 10년째 시험에 합격하지 못하는 학생들이 상당수입니다. 그 시간과 돈, 기회비용은 누가 책임질 수 있을까요?

장애 학생들도 마찬가지입니다.

발달장애 학생, 학습 장애학생도 모두 '플랜B'가 필요합니다. 남다른 전략이 필요합니다. 특정 직업 하나에만 올인(all-in)해서는 안 됩니다. 주변 친구들이 모두 바리스타 학원에 다닌다면 거긴 이미 레드오션입니다. 이것이 당연하고 쉬운 확률 게임일 뿐입니다. 새로운 시장을 찾아야 합니다. 차라리 무인 카페를 창업하고 운영하는 것을 준비하는 것이 현명합니다. 남다른 부업을 찾아보는 것도 좋은 방법입니다. 중요한 것은 남들과 다른 방향으로 계획하고 준비하는 지혜로운 전환 계획입니다.

나만의 플랜B, 차별화 전략, 틈새시장 공략이 필요 합니다. 이것은 부모님과 장애 학생들이 앞으로도 계속 고민해야 하는 숙제입니다. 자본주의 사회에서는 단순히 성실하고 열심히만 살아서는 생존하기 어렵습니다. 그전에 먼저 전략적인 판단이 필요합니다. 성실함은 그다음 단계입니다.

새로운 미래를 상상해야 합니다.

색다른 직업훈련, 아르바이트 경험, 미래 유망 직업 찾기, 자원봉사와 취미활동, 가족 창업 프로그램 참여 등 다양한 방향으로 생각을 확장해야 합니다. 장애학생이 미래에 살아가기 위해선 소득이 필요합니다. 하지만 소득이라고 해서 반드시 남들과 같은 형태, 동일한 성질의 수입원일 필요는 없습니다.

다시 말해 노동소득만이 정답은 아닌 것입니다. 월세 또는 인세, 주식 배당금과 이자 등 다양한 형태의 시스템 소득이 훌륭한 전략이 될 수 있습니다. 근로 소득만 목표가 될 필요는 없습니다. 비근로 소득, 다양한 파이프라인 수입원을 마련해 장애 학생의 미래를 지켜줄 수도 있습니다. 그러니 이러한 모든 가능성을 탐색해 봐야 합니다. 발달장애학생만으로 어렵다면 가족단위로 노동소득 외의 시스템소득을 찾아보고 궁리해 보아야 합니다.

남다른 생존법,
그것이 자본주의 시대의 합리적 대안입니다. 이를 실현하기 위해 우리 가족만의 차별화 전략을 노트에 기록해야 합니다. 아이디어를 정리하고 기록(writing)하는 습관을 가져야 합니다. 그리고 의논해야 합니다. 하루에 10분 정도라도 전략적 생존 방법을 모색해야 합니다. 대안을 마련해 두어야 합니다. 그래야 금융자본 시대에 살아남을 수 있습니다. 이를 위해 열린 마음과 창의적인 아이디어가 필요합니다. 남들과 다른 길로 걸어 볼 수 있는 용기가 필요합니다.

필요한 것은 꾸준한 독서와 경험입니다.

독서와 대화를 통해 군중심리(Herd mentality)에서 벗어나야 합니다. 저는 발달장애학생이 있는 가정이라면 더욱더 일찍 경제와 금융공부, 재테크 독서를 해야 한다고 생각합니다. 꾸준한 독서를 통해 다른 사람들과 비슷하게 행동하려는 인간 본능을 극복해야 합니다. 나만의 차별화 전략에 대한 확신을 얻어야 합니다. 매일 반복되는 하루, 그 현실에 안주하지 않아야 합니다. 늘 새로운 변화를 두려워하지 않고 도전해야 합니다.

남다른 사고에서
남다른 기회가 찾아올 것입니다.
발달장애학생의 취업과 미래도 마찬가지입니다.

모노폴리(Monopoly)를 아시나요?

모노폴리는 은행, 부동산, 투자 등을 느껴볼 수 있는 보드게임입니다. 모노폴리는 현재 우리 시대의 경제 시스템을 경험해 볼 수 있는 좋은 학습 도구이기도 합니다. 모노폴리는 제한된 돈과 기회, 땅을 두고 서로 경쟁하는 게임입니다

기회는 공평합니다. 다만 누가 더 좋은 기회를 잘 살리느냐, 누가 더 현명하게 승리 전략을 짜느냐가 중요합니다. 모노폴리는 자본주의 경제의 '경쟁' 시스템을 그대로 담았습니다. 그래서 더

흥미롭고 재미에 빠지게 됩니다. 모노폴리를 통해 우리는 '자본주의 전략'에 관해 간접적으로 배우고 경험할 수 있습니다.

앞서 자본주의 경제 시스템은 크게 두 가지 특성이 있다고 했습니다. 바로 분업화(전문화)와 경쟁(competition)입니다. 그리고 우리는 이러한 자본주의 사회에 대응하며 살아야 한다고 얘기했습니다. 앞서 분업화에 대해 알아보았습니다. 이번에는 경쟁 (competition) 시스템에 대해 알아보겠습니다. 그리고 이것을 장애학생 취업 지도와 연결하여 설명해 보겠습니다.

'경쟁'은 자본주의를 발전하게 하는 작동 원리입니다.
경쟁은 시스템을 유지하는 엔진과 같은 중요한 역할을 하고 있습니다. 사회주의가 도태되고 자본주의 즉, 시장 경제 체제가 주류가 된 것은 바로 경쟁 시스템을 도입했기 때문입니다.

경쟁이란 언뜻 힘들고 어려운 것이란 생각이 들기도 합니다. 하지만 '누구라도 차별 없이 노력한 만큼의 보상을 받게 된다'라는 철학이 있었기에 인류는 위대한 성장을 이루어 낼 수 있었습니다. 바로 이 경쟁 시스템이 있었기에 과거의 노예제도, 종교지배 등 중앙 집중적, 권위적인 신분제를 극복하게 되었습니다.

맞습니다. 경쟁이란 누구에게나 공평한 기회를 제공합니다. 그리고 그에 상응하는 이익을 가져갈 수 있게 하는 것입니다. 이러한 경쟁과 라이벌 의식을 통해 서로가 발전하고, 사회가 성장하는 것입니다.

그럼 우리 장애학생들은 경쟁하고 있을까요?
장애 학생들은 경쟁 심리를 느끼며 학교에 다니고 있을까요?

일반학교를 생각해 봅시다.
일반 학생들의 경우 학기별로 중간, 기말고사와 정기적인 수행평가를 받습니다. 그리고 성적이 산출됩니다. 이렇게 치열한 경쟁을 거쳐 순위에 맞춰 대학이 결정됩니다. 고용 시장은 어떨까요? 토익점수, 어학연수, 학점, 수상내역, 봉사활동, 동아리 활동, 인턴쉽 등 취업 경쟁에서 살아남기 위해, 남들과의 비교에서 이기기 위해 노력합니다.

장애학생들은 얼마나 치열하게 경쟁하고 있을까요?
물론 일반 학교의 이론 중심 평가는 발달장애학생에게 상당히 불리합니다. 이러한 결과로 발달장애학생을 일반 학생들과 비교하는 것은 바람직하지 않습니다. 저는 다른 종류의 경쟁을 말하는 것입니다.

제가 강조하고 싶은 바는 발달장애학생들끼리도 경쟁의식을 가져야 한다는 점입니다. 위기감을 가지고 목표지향적으로 학교에 다녀야 한다는 것입니다.

사실 특수학급 학생들은
이런 경쟁의식을 느낄 기회가 별로 없습니다.

경쟁을 통해 무엇을 얻을 수 있을까? 나는 어디로 취업할 수 있을까? 이런 최종 목표 지점을 눈으로 보고, 귀로 들을 수 있는 경험이 부족합니다. 취업에 대한 간절함이 피부에 와닿지 않게 되는 것입니다.

고등학교를 졸업하고 바로 취업하는 발달장애학생의 사례가 많지 않은 이유도 있겠습니다. 물론 특수학교 고등학교 학생들도 사정은 비슷합니다. 그럼 어떻게 하면 좋을까요?

경쟁의식을 갖출 수 있게 도와주면 됩니다.
학생의 학습 동기와 경쟁의식을 자극해야 합니다. 중요한 단어는 바로 '자극'입니다. 아래와 같은 구체적인 실행 방법들로 학생을 자극할 수 있습니다.

첫째. 롤모델(Role model) 만들기

롤모델이란 학생이 목표로 삼을 수 있는 대상을 말합니다. 잠깐만 검색하면 발달장애인 중에 성공적으로 자립한 사례들을 찾을 수 있습니다. 이들은 경제적, 사회적으로 홀로서기에 성공한 친구들입니다. 직장생활, 소득뿐만 아니라 혼자서 자취를 하는 경우도 있습니다.

먼저 학생의 롤모델을 정하세요. 그리고 사진을 인쇄해서 코르크 보드에 붙여야 합니다. 그리고 늘 눈의 띄는 장소에 코르크 보드 게시판을 부착하십시오. 다음으로 부모님께서는 롤모델의 스토리, 역경을 극복한 방법, 가족의 지원 등을 학생에게 들려줍니다. 특수학급에서 가까운 성공사례를 접하기 힘들다면, 전국 혹은 전세계로 눈을 돌리면 됩니다. 국내외를 가리지 말고 롤모델이 될 만한 운동선수, 배우, 작가, 예술가 등 학생에 좋아하는 분야라면 더욱 좋겠습니다.

둘째. 드림보드(Dream broad) 꾸미기

드림보드란 내 꿈과 소망을 시각적으로 표현한 게시판을 말합니다. 앞서 언급한 롤모델 사진과 같이 꾸미면 좋겠습니다. 중요한 것은 학생이 매일 보고 자극을 받을 수 있도록 시각적인 (visual) 자료로 제작하는 것입니다. 내가 살고 싶은 집, 갖고 싶은 물건, 외국 여행지, 자격증, 트로피, 자동차 등을 사진으로 출력합니다.

다음으로 이 사진들을 칠판이나 게시판 등 한곳에 모아 붙입니다. 저는 개인적으로 코르크보드 게시판이 가장 좋았습니다. 가능한 학생이 직접 만들 수 있도록 하십시오. 그리고 매일 보며 자극을 받을 수 있도록 해야 합니다. 그래서 드림보드를 가장 잘 보이는 위치에 부착하라고 한 것입니다.

왜냐하면 사람은 망각의 동물이기 때문입니다. 망각은 자연스러운 현상입니다. 우리의 꿈과 희망도 시간이 지나면 자연스럽게 잊혀지게 되어 있습니다. 하지만 드림보드를 제작한다면 매일 스스로를 다시 '자극'할 수 있습니다. 이를 통해 다른 사람들보다 성공하겠다는 동기를 오랫동안 자극할 수 있을 것입니다.

제가 생각하는 성공 방정식은 이렇습니다.

'성공 = 간절함 X 꾸준함'

우리는 사람이기에 간절함을 꾸준하게 유지하기 어렵습니다. 사람이라면 누구나 그렇습니다. 대신 작은 보조도구로 꾸준함을 자주 자극해 주는 것입니다.

/

셋째. 로드맵(Roadmap) 그리기

롤모델과 드림보드라는 최종 목표를 정했나요?

그렇다면 다음으로 길을 찾는 과정이 필요합니다. 너무 멀리 있는 목적지는 포기하고 싶은 마음이 생깁니다. 중간중간 쉴수 있는 휴게소를 안내한다면 마음의 부담을 덜 수 있습니다. 그것이 바로 로드맵입니다. 스텝 바이 스텝으로 단계적인 작은 목표를 그려보는 것입니다. 초, 중, 고, 전공과 혹은 대학교에서 이루어야 할 작은 목표들을 작성해 봅니다.

1년, 2년, 3년 연차별로 계획표도 작성합니다.

1~3월(1분기), 4~6월(2분기) 분기별 목표도 작성해 봅니다.

한 번에 너무 큰 목표를 잡지 않습니다.

앞서 말씀드린 '운동 루틴' 갖기도 괜찮습니다.

'하루에 5km 걷기, 매일 줄넘기 100개, 매주 목요일 분리수거하기, 월 1회 아버지 자동차 세차 돕기, 월/수/목요일 설거지 하고 용돈 받기, 받은 용돈으로 매년 3만 원 기부하기' 등 다양한 목표를 설정할 수 있습니다.

롤모델, 드림보드, 로드맵은 고정된 것이 아닙니다. 언제나 수정할 수 있고, 추가 및 삭제할 수도 있습니다. 중요한 포인트는 기분 좋게 뇌(brain)를 자극하는 기회를 제공하는 것입니다. 시각적인 희망 회로를 통해 선의의 경쟁을 자극하는 것입니다. 더불어 나의 인생 목표가 망각되지 않도록 도와주는 것입니다. 또한 노동소득을 목표로 하는 플랜A와 노동 외 소득(시스템 소득)을 목표로 하는 플랜B를 함께 구상하는 작업도 가능합니다.

물론 플랜B는 발달장애학생 혼자 준비하기에 어려움이 있을 겁니다. 그러니 부모님께서 조금이라도 젊은 나이, 뇌가 말랑한 나이에 함께 준비하셔야 합니다. 발달장애학생의 진로로드맵은 학생과 부모님이 함께 그려나가야 하는 것입니다. 그렇다면 부모님께서도 우리 아이를 위해 무엇이 필요한지 망각하지 않고 자주 자극을 받을 수 있을 것입니다.

무엇보다 제가 이렇게 진로로드맵을 추천하는 이유가 있습니다. 바로 우리 아이 인생은 우리 아이가(가족이) 준비하는 것입니다. 그 어떤 전문가의 조언을 듣더라도 자기주도적인 학습 태도가 중요하기 때문입니다. 기억하세요. 내 인생 아무도 책임져 주지 않습니다. 우리 아이 인생도 마찬가지고 아무도 책임져 주지 않습니다.

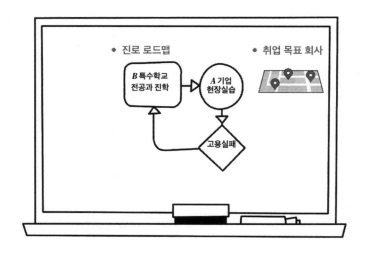

그건 네 잘못이 아니야

까칠한 고슴도치.

전공과부장으로 발달장애학생 취업을 담당하면서, 저는 까칠한 고슴도치가 되었습니다. 드라마 〈미생〉에 나오는 오과장처럼 빨갛게 눈이 충혈되었습니다. 저는 학생들을 취업시켜야 했습니다. 저에게 취업처를 안내해 주는 기관? 없었다고 해도 무방합니다. 저는 그렇게 늘 쫓기듯 취업처를 찾았습니다. 취업이 안 되면 현장실습이라도 부탁해야 했습니다.

한 마디로 제 주요 업무는 '거절당하기'였습니다.
같이 근무하는 동료가 말했습니다.
"마음의 부담을 좀 덜어라"
"졸업하고 나서 복지관 가서 취업해도 되잖아"
"거기에도 좋은 분들이 잘 도와주실 거야"

저도 압니다.

이런 말을 해준 동료의 고마운 마음을 말입니다. 솔직히 말하자면 눈 한 번 찔끔 감고, 편하게 일할 수도 있습니다. 내게 주어진 업무만큼, 딱 그만큼만 일해도 되는 것입니다.

누군가에게 어쩌면 저는 '집착'처럼 보였을 겁니다. 저는 발달장애학생들의 실업문제에 몰입하고 있었습니다. 저는 경제적으로 어려웠던 저의 과거가 떠올랐습니다. 실재로 저처럼 가정형편이 어려운 학생들도 많았습니다. 그러니 저는 더욱 학생들이 생계유지가 가능한 취업을 할 수 있도록 집착했습니다.

때론 주변 사람들의 오해로 한숨이 나왔습니다. 저의 진심을 알아주지 못하니 공허함이 몰려왔습니다. 우울함을 느낀 적도 많았습니다. 저는 미련의 끈을 놓지 못했습니다. 앞으로 홀로 세상을 살아가야하는 발달장애학생들에 대한 최소한의 양심 때문입니다. 한 명이라도 더 이력서를 쓰고 취업할 만한 곳을 찾는 데도 시간이 부족했습니다. 한 학생의 문제를 해결하고 나면, 또 다른 학생이 기다리고 있기 때문입니다.

사회로 나가는 그 마지막 계단에 학생들이 서 있습니다.

취업과 실업의 갈림길에서 말이죠. 갈 곳 없이 방황하는 학생들이 눈에 들어옵니다. 저와 전화통화를 하며 졸업하니 갈 곳이 없다며 펑펑 우시던 어느 학부모의 모습이 아른거립니다. 중도 뇌병변장애 학생 어머니의 눈물 섞인 하소연이 귀에 메아리칩니다. 여러 번의 취업 실패로 힘없이 복도를 걸어가는 장애학생의 처진 그림자가 제 옆을 스쳐 지나갑니다. 수년간 시설 좋은 감옥, 복지관에만 계속 다니고 있는 졸업생들을 바라봅니다.

머릿속에 여러 가지 복잡한 실타래가 꼬이고 꼬입니다.
이 모든 장면이 하나의 캔버스 안에 그려집니다.

이 모든 일이 동시에 벌어지고 있었던 것입니다. 누군가 해결해 줄 거라 말했지만. 아니요. 아닙니다. 누구도 해결하지 못하고 있음을 발견했습니다. 20년 전 가난에서 벗어나고자 발버둥 치던 과거의 제 모습이 다시금 떠올랐습니다. 저는 기회라도 있었지만 발달장애학생들에겐 그 기회조차 주어지지 못했습니다. 그것이 현실이었습니다.

누군가는 말합니다. 장애 학생들에게 경쟁하고 이런 거는 너무 심한 거 아니야? 아이들의 특성에 맞게 적당한 일을 줘야 하지 않을까? 맞습니다. 맞는 말입니다. 그럼 그 월급은 누가 줄 수 있을까요? 우리 아이들에게 일자리를 줄 수 있는 곳은 크게 두 부류입니다.

첫째, 공공기관입니다. 정부에서 공공복지 일자리를 통해 급여를 줄 수 있습니다. 하지만 매년 졸업하는 수만 명의 장애학생들을 모두 해결할 순 없습니다. 복지 예산에는 한계가 있습니다.

둘째, 민간 기업입니다. 자본주의 사회에서 기업은 이윤을 추구합니다. 공공기관과는 운영 목적과 방향 자체가 다릅니다. 어쩔 수 없이 제한된 일자리를 경쟁을 통해 나누어 가질 수밖에 없는 구조입니다. 이러한 사업체에 그 몇 안 되는 기회를 더 달라고 설득하는 것이 제 일입니다. 앞으론 우리 모두의 일이 되어야 합니다. 우리는 지속적으로 발달장애학생의 일자리 창출을 요구해야 합니다. 발달장애학생들을 위해서도, 우리 사회를 위해서도 말입니다.

나는 왜 그렇게 까칠한 교사가 되었을까?

생각해보았습니다.
왜 그렇게 한계로 몰아붙이며 일했던 것일까요?

결론부터 말하자면 통계 때문입니다.

그리고 배신감 때문입니다. 세밀한 통계 조사를 통해 저는 우리 특수교육 대상 학생들이 사회로부터 철저히 소외되고 있음을 발견했습니다. 아래에서 이를 하나하나 살펴보겠습니다.

먼저 우리는 통계를 의심해 볼 필요가 있습니다. 여러분은 통계를 얼마나 믿고 신뢰하시나요? 과연 우린 어떤 통계를, 어디까지 믿어야 할까요? 비교적 신뢰성 있는 데이터는 통계청, 국가기관 등 비교적 공신력 있는 기관의 데이터일 것입니다. 그런 통계는 그나마 믿음이 갈 것입니다. 하지만 저는 그런 통계마저도 믿지 않습니다. 참고만 할 뿐입니다. 온전히 100%를 신뢰하지 않습니다. 왜냐하면 통계에는 늘 오류가 존재하기 때문입니다. 그것도 엄청나게 큰 오류가 말입니다.

사람들은 통계라고 하면 객관적으로 검증된 자료라 생각합니다. 하지만 통계를 만드는 것도, 결과를 취합하는 것도 결국 사람입니다. 그러니 다분히 주관성이 포함될 수 있습니다.

예를 들어 방과 후 프로그램 만족도 통계 조사를 해당 업무 담당자가 실시한다면 신뢰할 수 있을까요? 자신의 성과가 드러나는 일을 부정적으로 평가받게 할까요? 불행하게도 지금 학교에서는 이런 일들이 실재로 일어나고 있습니다. 같은 논리로 발달장애학생들의 실업률을 장애인 고용 담당자가 한다면 어떨까요? 실적의 문제로 결과를 상향하여 보고할 가능성이 있지 않을까요? 그렇다면 과연 우리는 이러한 통계들을 신뢰할 수 있을까요?

TV 뉴스에서 물가가 2% 정도 올랐다는 보도가 나옵니다. 그럴까요? 과연 2% 정도의 물가상승일까요? 그런데 왜 마트에 가면 만 원으로는 도대체 살만한 것이 없을까요? 언론에서 말하는 장애인 실업률은 생각보다 상당히 낮습니다. 그런데 왜 우리 주변에 발달장애인 실업자는 이리도 많을까요? 물가지수에 월세와 같은 주거비가 포함되지 않는다는 사실을 아시나요? 일주일에 한 시간이라도 일한 사람, 공무원 시험을 준비하는 대학생들은 실업률에 포함 차체가 되지 않는다는 사실을 아시나요?

이렇듯 각종 통계와 숫자는 얼마든지 조정이 가능합니다.
입맛에 맞춰 원하는 방향으로 '보여지도록' 만들 수 있습니다.

좀 더 현실적인 물가를 알기 위해서는 돈의 가치 하락이 반영된 실질 물가상승률을 살펴봐야 합니다. 좀 더 현실적인 고용 현황을 파악하려면 실업률이 아니라 고용률을 참고해야 합니다. 그리고 노동소득을 분석해야 합니다. 공부하는데 얼마 만큼의 시간과 돈을 투자했고, 과연 얼마나 소득을 벌고 있는지, 현실적인 수익률을 계산해 봐야합니다.

발달장애학생의 현실적인 고용률은 얼마나 될까요?

지적장애학생들은 얼마나 돈을 벌고 있을까요?

우리는 이 통계를 과연 몇 % 나 신뢰할 수 있을까요?

장애인의 고용률에 대한 데이터는 비교적 찾기 쉽습니다.

하지만 발달장애학생들의 현실적인 실업 문제와 관련된 특정 데이터는 통계자료를 쉽게 파악하기 어렵습니다. 통계를 여러 번 편집하며 구해야 합니다. 그러면 그 안에서 숨겨진 의미를 도출해야 합니다. 그래야만 의미 있는 자료를 뽑아낼 수 있습니다. 아래 제가 정리한 데이터로 그 의미를 함께 찾아보겠습니다.

A. 특수교육대상 학생 중 발달장애 학생 비율

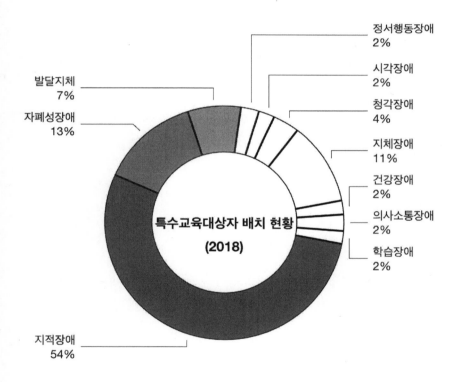

정서행동장애
2%

시각장애
2%

청각장애
4%

지체장애
11%

건강장애
2%

의사소통장애
2%

학습장애
2%

발달지체
7%

자폐성장애
13%

특수교육대상자 배치 현황
(2018)

지적장애
54%

특수교육대상 학생 중 70% 이상의 학생이 '발달장애'에 포함된다고 볼 수 있습니다. 지적장애 54%, 자폐성 장애 13%, 발달지체 7%로 분포되어 있습니다.〈특수교육대상자 배치 현황(2018) 특수교육 연차보고서, 교육부〉 따라서 특수학급, 특수학교 등 특수교육 분야에 투입되는 많은 예산, 전문 인력은, 대부분 '발달장애' 영역과 깊게 관련되어 있다고 생각할 수 있습니다.

그럼 다음으로 '발달장애'를 위한 많은 예산이 과연 효과적으로 사용되고 있나 조사해 보아야 합니다. '투입 대비 성과, 교육예산 대비 고용률'을 살펴보는 것입니다. 이것은 꼭 필요한 과정입니다.

저는 20년 이상 가난한 학생 신분으로 살았습니다.
가난은 늘 제 발목을 잡았습니다.

하지만 말씀드렸듯 저는 교육은 공짜가 아니어야 한다고 생각합니다. 적어도 학생들은 공부는 공짜가 아니라 돈이 들어가는 '투자'라고 생각하게 해야 합니다. 그래야 성실하게 학습활동에 참여합니다.
그렇다면 발달장애학생들, 특수교육대상 학생들의 투자 대비 결실은 어떨까요? 우리는 자본을 투자한 만큼, 투자금을 회수하고 있을까요?

B. 장애인 유형별 고용률

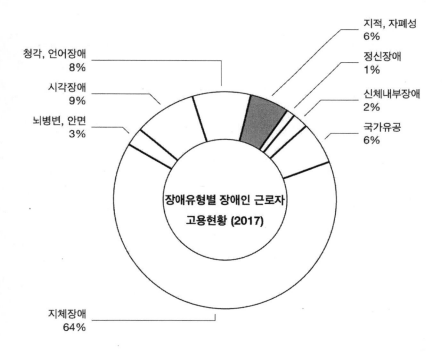

지적, 자폐성
6%

정신장애
1%

신체내부장애
2%

국가유공
6%

청각, 언어장애
8%

시각장애
9%

뇌병변, 안면
3%

장애유형별 장애인 근로자
고용현황 (2017)

지체장애
64%

〈장애 유형별 장애인 근로자 고용현황 (2017)
   한국장애인고용공단, 기업체 장애인고용실태조사〉

보이시나요? 기업에서 근무하고 있는
지적, 자폐성 장애의 고용률은 고작 6% 정도입니다.

어떤가요? 저의 배신감이 이해가 되시나요?

발달장애학생들은 유, 초, 중, 고등학교 등 학교 교육의 성과가 최종 고용으로 이어지지 못하고 있음을 알 수 있습니다. 그리고 지체장애, 청각/언어장애, 시각장애 고용률과 비교해 상대적으로 발달장애 고용률이 상당히 낮음을 알 수 있습니다. 생각 이상으로 큰 차이가 나고 있습니다.

발달장애라는 특정 장애만 유독 직업을 갖지 못하고 있는 것입니다. 이것은 아직도 발달장애학생에 대한 인식이 '상당히 부정적'이란 것을 의미합니다. 발달장애라고 해서 특별히 다른 점은 없습니다. 신체적, 작업적 능력이 일반일과 비슷한 혹은 더 뛰어난 친구들도 있습니다. 하지만 능력이 아니라 대외적인 이미지가 발달장애 학생들에게 상당히 부정적으로 작용하고 있는 것입니다.

좀 더 현실을 파고들어 보겠습니다.

C. 장애인 유형별 한 달 평균 소득

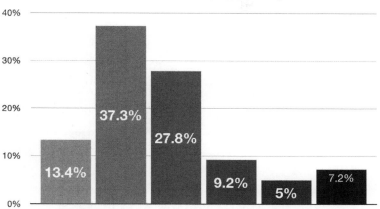

지체장애 한 달 평균 소득

40%

30%

20%

37.3%

27.8%

10%

13.4%

9.2%

5%

7.2%

0%

100만원 미만 200만원 미만 300만원 미만 400만원 미만 500만원 미만 500만원 이상

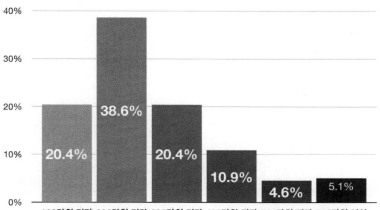

시각장애 한 달 평균 소득

40%

30%

20%

38.6%

20.4%

20.4%

10%

10.9%

4.6%

5.1%

0%

100만원 미만 200만원 미만 300만원 미만 400만원 미만 500만원 미만 500만원 이상

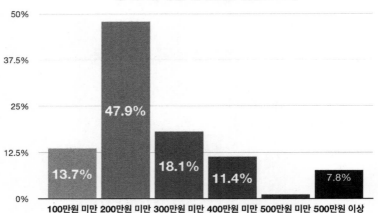

청각/언어장애 한 달 평균 소득

- 50%
- 37.5%
- 25%
- 12.5%
- 0%

47.9%

13.7%

18.1%

11.4%

7.8%

100만원 미만 200만원 미만 300만원 미만 400만원 미만 500만원 미만 500만원 이상

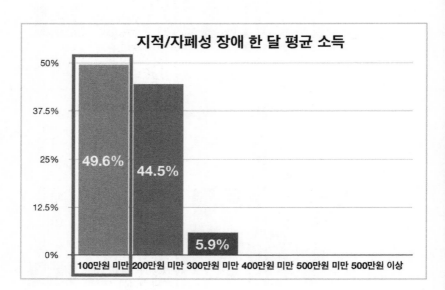

지적/자폐성 장애 한 달 평균 소득

- 50%
- 37.5%
- 25%
- 12.5%
- 0%

49.6%

44.5%

5.9%

100만원 미만 200만원 미만 300만원 미만 400만원 미만 500만원 미만 500만원 이상

지적, 자폐성장애 한 달 평균 소득을 보시죠.

발달장애인의 전반적인 소득은 다른 장애 유형과 비교하여 상당히 낮음을 알 수 있습니다. 특히 주목해서 봐야 할 데이터는 바로 한 달 평균 소득의 '100만 원 미만 비율'입니다. 발달장애의 경우 50% 정도가 100만 원 미만에 해당합니다. 〈한 달 평균 소득 (2018) 한국장애인개발원, 장애인 삶 실태조사〉

그런데 정말 심각한 문제는 통계에 나오지도 않았습니다. 만약 하위 소득 계층을 더 세분화한다면 어떨까요? 30만원, 10만 원 이하로 분류한다면? 문제는 더 심각하게 드러날 것입니다. 여러분은 한 달에 10만 원도 벌지 못하는 발달장애인이 얼마나 많은지 놀라게 될 것입니다. 발달장애인의 경우 10만 원, 30만 원, 50만 원 등 한 달 평균 소득의 하위층을 더 세밀하게 분석해야 한다고 생각합니다. 소득은 생계와 직결되는 문제이기 때문입니다.

다른 장애와 한 달 평균 소득을 비교하는 것은 '지적, 자폐성장애인'의 취업이 그만큼 힘들고 어렵다는 것. 그리고 그로 인해 생계유지가 곤란하겠다는 결론을 도출할 수 있습니다. 더불어 많은 민간 기업에서 발달장애인의 고용을 어떻게든 피하고 꺼리고 있다는 사실을 말해 줍니다. 제가 비판하고자 하는 것은 사회 구조적인 '모순'입니다.

아시는 분도 있을 겁니다만.

여러 통계 장애인 관련 데이터에서는 장애인 취업률을 약 30% 정도로 보고하고 있습니다. 저도 그것을 믿었습니다. 하지만 아닙니다. 발달장애학생들의 사정은 그렇지 않습니다. 제 업무가 발달장애학생 취업이니, 스스로 통계를 계산해 본 적이 있습니다. 특수교육의 끝자락에서 제가 직접 목격한 발달장애 학생들의 취업률은 약 5% 정도였습니다. 최저시급 이상의 급여를 받는 발달장애 학생들은 아마 더 낮을 것입니다.

주변에서 말하는 통계치와 피부로 느끼는 어려움의 괴리감이 크게 느껴졌습니다. 왜 이렇게 우리 발달장애 학생들만 취업이 안 되는 걸까? 우리나라 특수교육과 복지는 정말 성공적이라 말할 수 있을까? 이렇게 설계된 시스템이 정상적이라 말할 수 있을까? 우리 사회는 정말 효과적으로 돌아가고 있는 것인가? 교육과 복지에 투입되는 세금은 정말 그 효과를 발휘하고 있는 것인가?

고민에 고민이 더해졌습니다.

제가 볼 때 발달장애학생들의 고용률은 8%를 넘지 못합니다.

특수교육과 관련 서비스가 대부분 '발달장애 영역'에 투입되면서도 말입니다. 이것은 비단 한 개인이나 가정의 문제가 아니라 '사회 구조적인 모순'임을 시사합니다. 고용률의 문제는 발달장애학생이나 이들 가족만의 문제가 아닙니다.

A라는 한 사람이 취업을 못 하면, A라는 한 사람의 잘못일 수 있습니다. B와 C, 두 사람이 취업을 못 하면 두 사람의 부족함일 수 있습니다. 하지만 수백 명, 수천 명이 취업이 안된다면 어떨까요? 이것을 이 모두 각 개인의 잘못이라고 얘기할 수 있을까요?

당연히 아닙니다.

이것은 발달장애인을 원활하게 우리 사회 적재적소에 배치하지 못하는 '시스템 문제'인 것입니다. 저도 어떻게든 극복해보고자 했습니다. 까칠하게 살았습니다. 강하게 부탁해보기도 하고 때론 다투기도 했습니다. 이 문제를 공론화하고 싶었습니다.

사람들을 모으고 함께 이 문제를 해결하고 싶었습니다. 발달장애 학생의 실업 문제 해결에 우선순위에 두고 싶었습니다. 저는 이것을 해결하고 싶습니다. 제 힘만으로는 절대 부족합니다. 그래서 이렇게 여러분께 알리며 도움을 호소하는 것입니다. 그것이 이 책의 목적 중 하나이기도 합니다.

통계는 절대 완벽하지 않습니다.

여러 번 말씀드리지만 명칭과 숫자만으로 우리는 사물이나 현상을 있는 그대로 표현할 수 없습니다. 특수교육 통계조사에서는 장애인 취업 결과에 보호작업장이 취업으로 포함됩니다. 저는 월 급여가 2만 원도 되지 않는 보호작업장까지 취업 통계로 넣는 것은 옳지 않다고 생각합니다.

현실적으로 가족의 생계를 유지할 정도의 급여를 받는 발달장애인은 상위 3~5%도 되지 않을 것입니다. 따라서 좀 더 취업이 곤란한 발달장애 학생들에게 특별히 주목해야 합니다. 그리고 이들만을 위한 특별한 지원이 필요합니다.

장애인은 그냥
장애 연금 받고 살면 되지 않나?

이렇게 말하는 사람도 있을 겁니다.

저는 목표로 하는 삶의 방향, 인생 철학, 마음의 자세가 달라야 한다고 생각합니다. '공짜'는 사람을 나약하게 합니다. 누군가에게 의존하게 합니다. 기초생활 수급의 혜택에서 벗어나지 않으려고, 충분히 취업 능력이 있음에도 취업하지 않으려고 하는 발달장애인과 그 가족을 목격하신 분들이 있을 겁니다. 복지혜택이란 이런 단점도 존재하는 것입니다. 우리는 그 누구에게도 기대고 의

존하면 안 됩니다. 누군가에게 의존하는 순간 우리의 삶은 '식물'
상태에 머무르고 맙니다.

물론 현실을 반영하여 복지 예산을 지원해야 하는 경우도 있
습니다. 중도/중증장애학생의 경우가 그렇습니다. 하지만 취업능
력이 충분한 발달장애학생들은 그 상황이 달라야 합니다. 지금과
같이 적선하는 듯한 예산 지원이 아니어야 합니다.

A. 무상 지급.　　　**B. 기본소득 + 추가소득**

    왼쪽 그림(A)은 무상 지급으로, 말 그대로 공짜 돈을 받는 상태입니다. 현재 최저생계비를 받기 위해서는 특정액 이하로, 가구 소득이 증빙되어야 합니다. 이럴 경우 일을 하는 대신에 최저생계비에만 의존할 수 있습니다. 일자리를 구하지 않고 어정쩡한 실업 상태로 머무르게 되는 것입니다.

    오른쪽 그림(B)은 기본소득을 취업과 상관없이 지급하게 됩니다. 그리고 더불어 누구나 추가소득을 더 벌 수 있는 상황입니다. 따라서 의욕적으로 노동 시장에 참가하게 됩니다. 그러면 생산, 소비, 분배가 정상적으로 순환하게 됩니다.

세상에 정해진 법칙 따위는
없는 거다

졸업하면 아이들은 어디로 갈까요?

고등학교를 졸업하면 장애학생들은 대부분 전공과나 복지관으로 이동합니다. 특성화고등학교 학생처럼 졸업하며 바로 취업하는 발달장애학생은 거의 없습니다. 운 좋게 취업이 되어도 몇개월이 안 되어 회사에서 쫓겨 나오는 학생도 많습니다.

학습장애 학생들도 사정은 비슷합니다.

사실 이들은 복지의 사각지대에 놓입니다. 장애 등급이 없기 때문에 학습장애학생은 한국장애인고용공단에서의 취업 프로그램 지원이 불가합니다. 반대로 자폐성, 지적장애 학생들은 '발달장애인'이라는 딱지표로 1차 서류 통과도 힘듭니다. 이력서에 '자폐'라는 문구가 들어가면 취업의 틈은 한없이 좁아집니다.

겨우 운좋게 현장실습(지원고용)에 들어가더라도 일반인 직장 동료들과 어울리지 못해 최종 합격에서 떨어지는 일들이 벌어집니다.

제가 여러번 말씀 드렸죠?
문제는 개인이 아니라 사회에 있습니다.

범인은 바로 보이지 않는 유리벽이란 사실을 우리는 잊지 않아야 합니다. 따라서 용기를 잃지 않아야 합니다. 유리벽은 조금씩 부수면 됩니다. 불합격에 좌절하며 마음 아파할 학생들, 이런 학생들을 지켜보며 자괴감을 느낄 교사들, 남몰래 가슴을 치며 눈물을 훔칠 부모님들.

괜찮습니다.
그건 여러분의 잘못이 아닙니다.

마음의 짐을 내려놓으시길 바랍니다. 발달장애 학생의 고용 문제는 개인이 아니라 사회적 구조의 문제입니다. 발달장애학생들의 암울한 실업 문제는 아직도 외면받고 있습니다. 우리 사회에는 여전히 자화자찬 기관 행사와 보여주기식 정책들만 눈에 띕니다. 정작 필요한 본질은 처리하지 않고 대외적으로 일을 잘하고 있다고 보여지길 원하고 있습니다.

제가 보기엔 그들만 다른 세계에 사는 것 같습니다. 정말 우리 사회가 장애학생들의 실업 문제를 해결할 의지가 정말 있는 것인지 저는 의문스럽습니다. 현실 세계에서의 발달장애학생들은 여전히 졸업하고 갈 곳이 없습니다. 혹자는 얘기합니다.

장애학생들이 능력이 부족해서 그런 거 아닐까?

그럴까요?
정말 장애학생들은 일할 능력이 없는 것인가요?
그럼 장애 학생들이 할 수 있는 것은 무엇일까요?

민간 대기업들, 공공기관들은 발달장애학생들의 직업능력을 확인해보려고 제대로 시도한 적이라도 있을까요?

제가 보기엔 발달장애학생들의 직업능력에 대한 시범연구 조차도 제대로 이루어지고 있지 않습니다. 뭐라도 시켜보고서 능력을 언급했으면 좋겠습니다. 무엇이라도 시도나 해보고서 '능력'이란 단어를 운운했으면 좋겠습니다. 현재 발달장애인을 고용을 전제로 한 지원고용과 현장실습은 겨우 상위 5% 이내 장애 학생에게 그 혜택이 돌아가는 정도입니다.

테스트는 우리가 원합니다.

정말 간절히 시험을 원합니다.

테스트로 확인해 보고 싶습니다. 발달장애 실업문제가 장애학생의 능력이 부족해서 인지 평가를 받길 원합니다. 사업체에서 딱 한달만 실제로 일을 시켜보고 싶습니다. 평생에 딱 한 번만이라도 좋으니.제발 그 기회를 달라고 말하고 싶습니다. 작업능력, 성실성, 정확성, 지속성을 평가해 보는 것입니다. 이 시도가 활성화되면 될수록, 이런 모의 테스트가 많아질수록, 발달장애학생들의 고용률은 우상향할 것입니다. 그것도 100% 확률로 말입니다.

우리 아이들이 어디로 가야하냐고요?

장애인 일자리의 대부분을 소화해야 할 곳은 바로 '민간 기업'입니다. 우리는 이 사실을 꼭 인지해야 합니다. 공공 복지일자리는 징검다리처럼 중간 휴게소에 불과합니다. 중요한 것은 학교에서 사회로, 학교에서 기업으로 이어지는 고용입니다.

그러나 회사 입장에서는 발달장애학생들의 고용에 큰 관심이 없습니다. 발달장애학생들을 고용하지 않더라도 회사 운영에 큰 문제가 없습니다. 반대로 이들을 고용하더라도 큰 혜택도 없습니다. 그렇다면 제가 회사 CEO라도 여기에 무게 중심을 두지 않을 것입니다.

하지만 세상이 바뀌고 있습니다.

기업의 'ESG'가 강조되고 있습니다.

* ESG : 기업의 비재무적 요소인 환경(Environment)
· 사회(Social) · 지배구조(Governance)를 뜻하는 말

기업의 사회적 책무성이 강조되고 있습니다. 분배 없는 성장은 멈추게 되어 있습니다. 경제 활동의 속성이 그렇습니다. 내 욕심만 챙기다 보면 함께 공멸합니다.

우리는 국가라는 '하나의 그룹(group)'을 이루며 살고 있습니다. 세상에 혼자서만 살 수 있는 사람은 아무도 없습니다. 대기업 회장도, 국가 대통령도, 정치인도, 모든 시민들이 마찬가지입니다. 소비자가 있기에 생산자가 있고, 국민이 있기에 국가가 있습니다. 국민들의 소비와 세금 없이는 이 그룹을 유지하지 못합니다. 전국민의 화합과 안정된 분위기 없이는 국가는 완성되지 못합니다.

우리네 삶은 서로가 촘촘히 연결된 것입니다. 그러니 우리는 서로를 위해 소비하고, 공급하고, 돕고 살아야만 합니다. 맞습니다. 우리는 한 배를 탄 '운명 공동체적 삶'을 살고 있습니다. 그러니 발달장애학생의 취업 문제는 동정론이 아닙니다. 이것은 공동사회 유지론의 입장에서 다가가야 합니다. 그러니 장애의 유무, 유형을 떠나 공정하게 취업의 기회를 제공해야 합니다.

여전히 문제는 사회에 있습니다.
문제는 개인에게 있지 않습니다.

그동안 우리는 정해진 코스, 하나의 색깔만 강조했습니다. 튀지 않게 한 줄로 서야 했습니다. 높은 점수, 좋은 대학, 대기업 등 매번 한 곳을 향해 바라보기를 강요했습니다. 빨리빨리 정해진 코스를 경쟁적으로 달리도록 압박했습니다. 초중고를 무난히 졸업하고, 유명한 대학에 들어가길 강요했습니다.

학교를 졸업하면 얼른 대기업 직원이 되어야 한다고, 공무원이 되어야 한다고 했습니다. 그것이 '최고'라고 했습니다. 하지만 그 최고라는 것이 곧 '행복'이냐는 물음에는 답을 하지 못했습니다.

'최고'와 '행복'은 다른 것입니다.
최고가 된다고 행복하지 않습니다.

사회가 은연중에 만들어둔 정해진 코스.
그곳을 거쳐 가기 위해 학생들은 무한 경쟁에 돌입합니다. 모두가 똑같은 책상에 앉아, 똑같은 교과서를 봅니다. 그리고 모두가 비슷한 꿈을 향해 치열하게 달립니다. '의자 앉기 게임'처럼 학생들이 앉아야 할 의자의 수는 턱없이 부족합니다. 모두가 똑같이 하나의 의자에만 앉으려 경쟁하기 때문입니다.

옆에는 동그란 의자, 흔들 의자, 그네 의자도 있습니다. 하지만 우리는 그동안 네모난 의자에 앉아야만 "성공"이라 말해 왔습니다. 저는 궁금합니다. 다른 의자에 앉아봐도 되지 않을까요?

성공이 행복이고 최고가 행복인가요? 스무 살이 되면 반드시 대학에 들어가야만 할까요? 스물 넷엔 반드시 취업해야 하고, 서른 전에는 어떻게든 결혼을 해야 하나요? 서른여섯 전까지는 필수적으로 아이를 둘 정도는 낳아야만 하는 건가요? 그것이 행복이고, 그것이 성공적인 삶일까요?

세상에 그런 법칙 따윈 없습니다.
누구나 각자의 속도가 있는 것입니다.

우리는 모두 각자 나름대로 서로 다른 인생의 속도로 살고 있습니다. 우리는 각자 다른 곳을 바라볼 수도 있습니다. 칠판이 아니라 맑고 파란 하늘을 볼 수도 있습니다. 네모난 교과서가 아니라 에메랄드빛 바닷물에 발을 담그고, 파도 소리를 들으며 하늘 위를 자유롭게 나는 갈매기를 볼 수도 있습니다. 행복하지 않을까요?

자폐성 및 지적장애를 통칭하는 발달장애는 일반적으로 성장이 조금 느린 친구들입니다. 천사처럼 맑고 순수한 우리 아이들은, 종종 친구들보다 어려 보인다는 얘기를 듣습니다. 생활연령은 높지만 이미지나 행동이 다소 어려 보인다는 말을 자주 듣습니다. 물론 남들이 보기엔 조금 그 속도가 느려 보일 수도 있습니다.

자녀를 키워보신 분들은 아실 겁니다.

아이들이 말을 배우는 속도는 모두 다릅니다. 옆집 아이, 윗집 아이가 걸음마를 시작하는 때가 다 다릅니다. 배움의 속도는 저마다 다른 것입니다. 청소할 때도, 코딩을 배울 때도, 그림을 그릴 때도 저마다 배우는 속도가 다릅니다.

강아지가 주인에게 달려가는 속도
엄마에게 아장아장 걸어가는 아기의 속도
태평양을 헤엄치는 돌고래의 속도
내가 가장 좋아하는 노래의 속도
그 행복감의 속도는 모두 다 다릅니다.
우리는 다양한 속도, 다양한 색깔의 세계에서 살고 있습니다

서른에 대학에 가도 원하는 직업을 가질 수 있습니다. 서른 여섯에 결혼을 해도 잘 살수 있습니다. 재혼을 해도 알콩달콩 행복하게 살 수 있습니다. 저 역시도 군대를 전역하고 20대 중반에 다

시 대학에 들어갔습니다. 누군가는 늦은 거라고 말했습니다. 하지만 돌아보니 전혀 늦은 것이 아니었습니다.

저는 저만의 인생 속도에 따라가고 있습니다. 그리고 행복감을 느끼며 잘살고 있습니다. 만약 저도 남들의 속도에 맞추길 강요 받았다면, 저는 아마 불행하게 살았을 것 같습니다. 정해진 코스를 1등으로 들어와야만 행복한 것이 아닙니다. 꼴등으로 마라톤 코스를 통과해도 얼마든지 행복할 수 있습니다. 네모난 의자가 아니어도 좋습니다. 그네 의자에 앉아 천천히 여유를 즐겨도 행복할 수 있습니다.

달팽이는 천천히 달립니다.
그냥 그뿐입니다.

있는 그대로를 받아들여야 합니다. 천천히 달린다고 불행한 것이 아닙니다. 천천히 걸어도 충분히 의미 있고 행복할 수 있습니다. 좋아하는 여자친구와 손을 잡고, 집으로 바래다주는 걸음걸이는 느릴수록 행복합니다. 빨리 걷는 것만이 정답은 아닙니다.

'행복함의 속도 차이'는 다양한 것입니다.

불량 제품을 찾아내는, 검수 능력이 뛰어난 자폐성 장애 학생들이 있습니다. 일반인보다 속도는 80% 정도 떨어질 수 있습니다. 하지만 불량품을 찾아내는 그 정확성에 있어서는 일반인보다 몇 배는 정확합니다. 일반인이 95%의 정확하다면, 뛰어난 자폐학생은 99.9% 정확하게 불량을 찾아냅니다. 만약 그 부품이 여러분의 생명과 직결되는 자동차 부품이라면? 여기에서 과연 빠른 속도가 중요한가요?

성장이 느린 친구들은 기다려주면 됩니다.
우리 사회에는 그런 여유가 필요합니다.
반대로 우리는 성장이 느린 친구들 덕분에
'여유로움'의 중요성을 깨닫게 될 것입니다.

달팽이가 천천히 달리더라도 기다려 줍시다. 그 나름의 행복을 느낄 수 있도록 말이죠. 빠른 결과를 산출하도록 학생들을 재촉하지 말아야 합니다. 학생들이 생각을 정리하며 인내심을 기를 수 있도록 해야 합니다. 이렇게 삶의 내공이 쌓일 수 있는 시간을 주는 것. 그것이 우리 사회 어른들이 해야 할 일이 아닐까요.

보이지 않은 곳을 보는 능력
인사이트가 필요한 시대입니다.

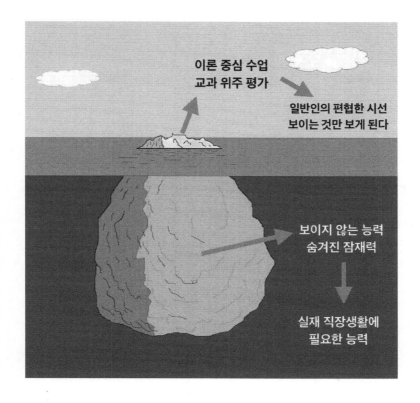

이론 중심 수업
교과 위주 평가

일반인의 편협한 시선
보이는 것만 보게 된다

보이지 않는 능력
숨겨진 잠재력

실재 직장생활에
필요한 능력

장애학생들은 자신감(confidence)이 부족합니다.
자기 확신(self-conviction)도 부족한 편입니다.

일할 능력이 충분히 있음에도 학생들은 자신감이 부족합니다. 그래서 중요한 면접이나 취업 기회를 종종 놓치곤 합니다. 그리고 이러한 자신감 부족의 문제는 고용유지에도 영향을 줍니다. 주변 동료와 원만한 대인관계를 형성하는 데도 불리하게 작용합니다. 취업해도 외톨이가 되어 적응하지 못하고 퇴사를 하는 경우도 많습니다.

사실 발달장애학생들의 자신감 부족은 학생들의 잘못이 아닙니다. 역시나 달팽이의 특징을 이해하지 못하는 사회 편견이 문제입니다. 세상 만물의 속도 차이를 인정하지 못하는 유리벽의 잘못입니다.

무엇보다 잘못된 평가체계가 문제입니다.

학교에선 교과 위주, 인지적 평가만으로 발달장애학생을 이해하려 합니다. 표준화된 검사들도 대부분 이론적인 내용으로 편중되어있습니다. 그러니 상대적으로 발달장애 학생들이 낮은 평가를 받게 됩니다.

하지만 정작 사회에서, 직장생활에서 필요한 건 점수가 아니라 '능력'입니다. 사람들은 눈에 보이는 것만 믿고, 보이지 않는 잠재력을 평가하지 못하고 있습니다. 장애 학생들의 직업적 잠재능력, 바로 숨겨진 가능성을 볼 수 있어야 합니다. 막상 발달장애 학생들을 고용해 본 사람들은 얼마나 성실하고 착한 일꾼인지 깨닫게 됩니다. 학력이 높다고 사회생활 잘하는거 아닙니다.

서울대를 나왔다고 사회생활 잘하는 건 아닙니다. 행정고시에 합격했다고 뛰어난 훌륭한 리더가 되는 것도 아닙니다. 이른 바 공부 좀 한다고 해서 사회공동체에 헌신하는 것이 아닙니다.

공부는 좀 못해도 스스로를 희생하고 사회에 기여하며 사는 보통 사람들이 있습니다. SKY대를 나왔지만 직장생활에 적응하지 못하기도 합니다. 높은 학력의 타이틀과 자존심 때문에, 취업하지 못하고 수십 년을 캥거루족으로 늙은 부모와 사는 사람도 많습니다. 반면 고졸이라도 성공해서 경제적 자유를 누리는 분들이 있습니다. 김밥 팔고, 폐지를 주워 모은 돈을 사회에 기부하는 할머니도 있습니다.

여러분 과연 누가 훌륭한 사람인가요?
과연 어느 쪽이 우리 사회에 더 필요한 사람인가요?
높은 학력으로 사람들에게 사기 치는 사람인가요?
가방끈은 짧지만 주변에 기부하는 할머니인가요?

그러니 겉모습과 학력 수준, 공부, 인지력 같은 차이로 한 사람을 평가해서는 안 됩니다. 공부 좀 못한다고 발달장애학생을 무시해서는 안되는 것입니다. 우리에겐 그럴 자격이 없습니다.

그래도 발달장애/특수교육 대상 학생들이 공부를 못하는 것은 맞지 않느냐? 사실 그것도 아닙니다.

일반 학생 중에도 학교 교육과정을 따라가지 못하는 경우가 많습니다. '수포자'가 되어 말 그대로 수학을 포기합니다. 수업시간에 잠자는 숲속의 공주가 된 친구도 많습니다. 전혀 수업을 따라가지 못합니다. 애써 이해하는 척하며 다른 학생들 속에 숨어 있을 뿐이죠. 그렇게 숨어 있는 학생들이 상당히 많습니다. 만약 여러분이 실상을 알게 된다면 아마도 정말 깜짝 놀랄 것입니다. 그러니 일반 학생들 기준으로 발달장애학생을 무시할 이유는 하나도 없습니다. 거기에서 거기입니다.

우리나라에는 유급이 없습니다.
하지만 기본적인 교과 이수 수준이 안되는 학생들이 많습니다. 일반학생도 마찬가지입니다. 영어, 수학, 과학 등 10점 이하의 평가 점수를 받는 일반 학생들이 있습니다. 그것도 객관식이 포함되어 그렇지, 만약 전부 주관식으로 평가했다면 빵점 짜리도 수두

룩할 것입니다. 하지만 우리나라에서는 진급하고 졸업하는 데 전혀 문제가 없습니다.

일반학교에 근무하시는 선생님들은 아실 겁니다.

사실 발달장애학생만큼이나 성적이 낮은 일반 학생들도 꽤 많습니다. 그 학생들이나 특수학급학생이나 사실 성적이 크게 차이가 안 납니다. 오히려 학습장애의 경우에는 특정 교과 성적이 일반 학생보다 높은 경우도 많습니다. 그러니 특수학급에 다닌다고 발달장애학생들을 무시하는 것은 전혀 앞뒤가 맞지 않습니다. 제가 만일 정말 깐깐하게 시험문제를 어렵게 낸다면 일반 학생도 점수가 매우 낮을 것입니다.

만약 국가 예산이 대폭 늘어난다면 어떻게 될까요?

그래서 학습장애의 범위를 더 넓게 확대한다면 어떻게 될까요? 예산만 많다면 사실 장애범위를 넓히는 것은 일도 아닙니다. 숫자와 단어 몇 개만 수정하면 됩니다. 그러면 더 많은 수의 일반 학생들이 특수학급에 와야 할 겁니다. 아마 특수학급에 다닌다고 장애학생을 놀렸던 그 친구도 특수학급에 다녀야 할 가능성이 높을 겁니다.

한마디로 말해 '정상과 비정상, 장애와 비장애'와 같은 기준을 칼같이 나누는 것이 사실 무의미합니다.

이 세상에 불변하는 절대법칙 따윈 없습니다.

그러니 장애니, 도움반이니, 정상이니 뭐니 그런 경계를 나누며 우월감을 느끼는 것은 어리석은 사람이나 하는 행동입니다. 칼로 물을 자르지 못하는 것처럼. 어떠한 평가도구, 어떠한 검사라도 사람을 정확히 나누어 구분하진 못하는 것입니다. 장애니, 비장애니 이런 이분법적인 용어는 무의미하다는 말입니다. 이런 철학과 가치관을 가지는 것이 장애학생의 '취업지도'에 시작점이라 생각합니다.

실제로 전세계 각 국가는 정책이나 예산에 따라 장애인 범위를 다르게 정의합니다. 나라마다 장애인의 범주가 다르다는 말입니다. 저희 외삼촌은 오른손이 없습니다. 공장에서 사고로 절단이 되었습니다. 말 그대로 장애인입니다.

그럼 손가락이 일곱 개만 남은 사람은 장애인일까요? 손가락이 아홉 개 있는 경우에는 어떤가요? 장애인이라고 부를 수 있을까요? 만약 새끼손가락의 한 마디만 없는 경우는 어떤가요? 재활 공학이 발달해 인공적인 인체 디바이스가 완벽하게 열 개의 손가락을 대체한다면 어떤가요? 장애인이라 할 수 있을까요? 시각적으로 기능적으로도 실재 손가락과 구분이 어렵다면? 과연 우리는 이 사람을 장애인이라고 부를 수 있을까요?

보통 보청기를 착용한 사람을 청각장애인이라 부릅니다.

그럼 왜 안경을 쓴 사람은 시각장애인이라 부르지 않을까요?

역시나 국가마다, 주마다 장애인 범주가 다르기 때문입니다. 국가 예산과 복지 혜택의 범위에 따라 장애에 관한 정의가 다른 것입니다. 그러니 장애를 이유로 그 사람의 능력을 깎아내리는 것은 논리적이지 못합니다.

모든 사람은 누구나 장애인이 될 수 있습니다. 앞으론 치매 환자도 장애 등록 범주에 포함될 가능성도 있습니다. 그러니 나를 비롯, 부모님, 자녀, 친구, 이웃까지 우리는 어쩌면 모두 '예비 장애인'입니다. 그러니 어떤 누구라도 함부로 '장애'를 기준으로 사람을 평가절하하면 안 되는 것입니다.

무엇보다 평가의 잣대, 그 기준이 완벽하지 않습니다.

카페에서 일하는 데에는 학벌은 중요하지 않습니다. 공장에서 일할땐 토익이나 수학 점수 따위가 필요하지 않습니다. 그러니 특수교육대상자 혹은 장애인 등급을 받았다고해서 자존심 상할 필요가 전혀 없습니다. 사회에서 필요한 건 학벌과 수학 점수가 아닙니다. 직장에서 필요한 건 바른 인성, 성실성, 센스, 지구력, 친철입니다. 사회에서 필요한 것은 숫자가 아니라 진정성과 공감 능력입니다.

간혹 특수학급에 다닌다고 장애학생을 놀리는 일반 학생들을 봅니다. 걱정하는 척하며 장애 학생을 무시합니다. 저는 의문스럽습니다. 솔직히 말하자면, 지금 누가 누굴 걱정해야 하는지 의아합니다. 요즘은 장애학생도 기회를 잘 잡으면 공무원처럼 정년이 보장되는 일자리를 갖게 됩니다. 60세까지 정년이 보장되는 교육공무직에 합격할 수도 있습니다. 삼성이나 LG 등 대기업에 20대 초반부터 취업한 장애학생도 있습니다. 일반인보다 훨씬 많은 연봉을 받으며 부모님께 효도하고 훌륭히 잘 살고 있는 장애학생들이 있습니다.

반대로 대학교 등록금에 결혼자금, 아파트 구입, 비싼 휴대폰까지 부모님께 바라며 철 없이 살고 있는 일반학생도 많습니다. 그러니 이론 위주의 평가 잣대로 장애학생을 함부로 가늠해서는 안됩니다.

정리해 보겠습니다.
이 세상에 정해진 법칙 따위는 없습니다. 절대적인 법칙, 불변하는 규칙이란 없습니다. 모든 것은 사람들이 함께 공론화하고, 합의하여 결정하는 것입니다. 그리고 발달장애취업 문제와 관련해서는, 이제는 우리의 합의점을 조금 수정해야 할 시기가 왔습니다.

발달장애학생들은 비록 심성이 착하고 성실합니다.

그리고 이것이 사업체에서 일할 근로자로서의 충분한 강점이 됩니다. 제가 보는 발달장애 혹은 학습장애 학생들은 누구보다 자신이 맡은 역할을 잘 수행합니다. 성실한 일꾼입니다. 더불어 좋은 인성을 갖춘 우리 사회 구성원입니다. 이들은 늘 상대방을 향해 해맑게 웃어주는 고마운 존재입니다. 그리고 우리 공동체의 동료입니다.

잊지 않아야 합니다
우리는 한배를 타고 있습니다

몰입에는 손맛이 필요하다

〈진짜 공부법〉이란 책을 출판했습니다.

말 그대로 학생들에게 진짜 공부법을 알려주기 위함입니다. 책에서 가장 강조한 것은 바로 '간절함'이었습니다. 무엇이든 간절함이 있어야 원하는 바를 이룰 수 있기 때문입니다. 간절함 다음으로 강조한 것이 있습니다. 바로 '뇌(brain)에 관한 공부의 필요성'입니다. 한마디로 뇌 기반 학습을 말합니다.

흔히들 공부는 엉덩이로 한다고 합니다. 모름지기 공부란 오랜 시간 책상에 앉아 인내해야 한다는 말입니다. 물론 양적인 공부도 필요합니다. 하지만 그보다 질적으로 효과적인 전략적 공부가 훨씬 중요합니다. 그리고 공부는 엉덩이로 하는 것이 아닙니다. 공부한 내용이 엉덩이에 저장되는 것이 아닙니다. 엉덩이에게 물어볼까요?

"엉덩이야, 금방 공부한 내용이 뭐였지?"

"왜 분명 한 시간 전에 본 내용인데 기억이 나지 않지?"

"가만... 어제 점심시간에 뭘 먹었지?"

"분명 하루도 지나지 않았는데, 기억이 안나네"

"좀 알려줄래? 엉덩이야!"

기억을 다시 떠올리고 싶지만, 당연하게도 엉덩이는 대답이 없습니다. 맞습니다. 엉덩이가 아니라 바로 여러분의 '뇌'가 그 물음에 답해야 합니다. 우리가 공부하는 모든 정보는 엉덩이가 아니라 대뇌에 저장되기 때문입니다. 그래서 저는 공부를 시작하는 사람이라면 먼저 뇌에 대해 알아야 함을 강조합니다. 뇌에 대해 알아야 공부하는 맛을 배울 수 있습니다.

무식하게 책상에 앉아 공부하는 것이 아니라, 뇌에 대해 먼저 공부해야 합니다. 옆집 친구 따라 영어/수학 학원에 다닐 것이 아니라, 망각과 기억의 흐름에 관해 먼저 알아야 합니다. 이처럼 배움에는 우선순위가 있는 법입니다.

낚시를 배울 때는 어떨까요?

친구에게 낚시를 알려줄 땐 무엇이 필요할까요? 무엇에 중점을 두고 가르쳐야 할까요? 물고기를 저장하는 방법? 물고기를 아껴 먹는 방법? 장비의 가격? 아닙니다. 이런 것들은 우선순위가 아닙니다. 가장 빠르게 낚시 전문가가 되는 방법이 있습니다. 바로 손맛입니다. 낚시의 손맛, 그 재미를 느껴보는 것이 가장 중요합니다. 먼저 손맛을 알게 된다면 낚시 공부는 저절로 하게 됩니다.

　우리는 우리의 뇌를 활용해야 합니다.
　흥미와 재미는 뇌에서 도파민과 아드레날린 같은 기분이 좋아지는 신경물질을 분비합니다. 그러면서 낚시에 더욱 몰입하게 됩니다. 낚싯대 사용법, 미끼, 포인트 등을 스스로 찾게 됩니다. 여기에서 중요한 것은 바로 능동적인 학습자로 업그레이드된다는 사실입니다. 이것이 진짜 공부의 시작입니다.

　이것을 발달장애학생 직업교육에 적용해보면 어떨까요?

　마찬가지입니다. 물고기를 저장하는 방법이 아니라, 물고기 잡을 때의 손맛을 느껴야 합니다. 그러니까 돈을 벌어서 저축하는 것이 아니라, 돈을 사용하는 재미를 알아야 합니다. 물고기를 아껴먹는 방법이 아니라, 낚싯대의 사용법을 알아야 합니다. 돈을 아껴 쓰는 방법이 아니라, 돈의 사용법을 먼저 알아야 합니다.

돈의 사용법을 안다는 것은 노동의 가치를 느낀다는 것입니다. 동시에 돈을 벌어 사용하는 기쁨을 이해한다는 말입니다. 이것이 우선순위입니다. 왜냐하면 이것이 바로 능동적인 학습을 유발하기 때문입니다. 이렇게 능동적인 방향으로 공부하는 학습이 바로 '자기주도학습'입니다. 학습이나 취업이나 이러한 '능동형 태도'를 취하는 것이 가장 중요합니다. 능동형 자세를 가져야 본격적으로 학습에 몰입하게 됩니다.

전 늘 학생들을 능동형 학습자로 만드는 방법을 찾는 데 몰입합니다. 그래서 저는 최근에 '유대인의 경제교육 방법'에 빠졌습니다. 전 세계의 금융과 경제활동을 막대한 영향을 주는 사람들이 있습니다. 바로 유대인입니다. 인구는 전 세계 0.2%에 불과하지만 노벨 경제학 수상자의 30% 이상을 차지하는 민족이 유대인입니다.

아마존, 테슬라, 마이크로소프트, 페이팔, 록펠러, 로스차일드 등 글로벌 기업, 글로벌 금융기업은 대부분 유대인이 창업자이거나 유대계 자본을 배경으로 합니다. 어떻게 그럴수 있었을까요? 답은 유대인의 '금융교육, 경제교육'에 있습니다. 유대인들은 어려서부터 가족과 함께 금융, 경제 교육을 생활화합니다. 영어, 수학 조기교육이 아니라 경제 조기 교육입니다.

유대인들에게는 전통적 가르침을 담은 탈무드와 하브루타라는 토론식 교육 방법이 있습니다. 이를 활용해 가족간에 토론과 대화, 철학적 성찰을 통해 자녀들을 지도합니다. 이러한 토론식 학습은 수동형 인간을, 능동형으로 살게 만듭니다. 그리고 이런 유대인들이 제일 먼저 가르치는 것이 바로 '기부를 통한 돈 쓰기' 입니다. 돈의 맛이 우선이라는 것입니다. 노동은 그 다음 순서입니다.

현세계의 중심 패권국은 바로 미국입니다.

세계의 돈, 기축통화로 사용하는 것은 달러입니다. 그런데 이런 미국과 달러를 실질적으로 지배하고 있는 것이 바로 유대인과 유대계 기업입니다.

대부분의 국가는 세계의 금융, 언론, 글로벌 기업의 주주인 유대인들의 막강한 영향력을 벗어날 수 없습니다. 이러한 유대인들의 힘과 영향력은 어려서부터의 경제, 금융교육을 바탕으로 한다고 했습니다. 그러니 우리들도 경제교육, 금융교육이 필요합니다. 저는 발달장애학생의 보호자는 더욱더 경제와 재테크 공부에 몰입해야 한다고 생각합니다.

경제공부를 어떻게 해야 할까요?

크게 보자면 자본주의와 경제의 흐름 전체를 이해해야 합니다. 작게 보자면 돈의 필요성을 강하게 느껴야 합니다. 그러니까 학생들은 돈에 목말라야 하고, 돈에 갈증을 느껴야 합니다. 이런 얘길 듣자면 마치 제가 돈에 환장한 사람처럼 들릴 수도 있을 겁니다.

하지만 우리들은 이미 자본주의 경제 시스템 속에서 살고 있습니다. 우리는 돈을 떠나 단 며칠도 살 수 없습니다. 돈을 수단으로 사용해 가족을 부양합니다. 돈이 있어야 심리적 안정과 시간적 자유를 얻을 수 있습니다. 그러니 우리는 자본주의를 이해하고 이에 적절히 대응하며 살아야 합니다. 생존 수영이란 말이 있듯이 우리는 이제 '생존 경제'를 공부해야 합니다. '안정적인 수입'은 우리 가족을 지키는 안전한 울타리라고 생각하기 때문입니다.

그럼 학생들은 자본주의나 경제를 배우고 있을까요?
돈의 흐름을 배우고 느끼면서 살고 있을까요?
사람들은 학교가 사회의 축소판이라고 합니다.
지금 학교는 우리의 세계, 자본주의를 잘 반영하고 있을까요?

학교에는 사회의 축소판입니다.
정말 우리 주변의 지역사회처럼 도서관이 있습니다. 바로 학교 교내 도서관입니다. 그리고 학교에는 회사처럼 식당도 있습니다. 바로 교내 급식소와 매점입니다. 학교에는 헬스장도 있습니다. 바로 운동장과 체육관입니다. 그런데 지금 학교에는 경제 활동을 경험할 장소가 있을까요? 은행이 있나요? 노동을 통해 급여를 받을 수 있나요? 직접 번 돈으로 엄마에게 커피 한 잔이라도 사줄 수 있을까요? 없습니다. 학교에는 그런 환경이 없습니다. 요약하자면 학생들은 학교에서 자본주의를 경험할 수 없습니다.

일회성 행사에 참여할 순 있습니다.

한 학기에 한 번하는 프리마켓 정도가 되겠네요. 하지만 거기에는 꾸준함이 없습니다. 반대로 유대인 학생들은 일상이 금융 활동이고 경제 생활입니다. 그들은 어린 시절부터 노동을 통해 수고비를 받습니다. 집안일을 돕고 용돈을 받는 것입니다. 주말이나 방학에는 레몬에이드를 팔며 장사를 경험합니다. 그러면서 흥정과 계약에 대해 이해합니다.

그 뿐만이 아닙니다. 우리나라 가정에서 '투자나 주식'은 아직까지도 금기시 되고 있는 주제입니다. 그러나 유대인은 가족들과 저녁 식사 시간에는 주식과 펀드, 예금, 투자, 부동산 등과 관해 이야기를 나눕니다. 그들의 경제교육에는 생활이며, 매일 반복되는 지속성과 꾸준함이 있습니다.

우리의 학생들은 어떤가요?

돈 걱정하지 말고 공부만 하기를 강요받습니다. 대학생들은 성인이 되어 가장 큰돈이 들어가는 부동산 계약을 어떻게 하는지도 모르고 졸업합니다. 등기부등본을 보고 이해하지도 못하죠. 자산 포트폴리오 구성, 부동산 계약 방법, 금융의 역사, 기본경제학을 이해하는 학생들이 과연 몇 %나 될까요?

공부할 시간이 없어서 경제 공부를 하지 못하는 것이 아닙니다. 경제 공부를 하지 않기 때문에 공부할 시간을 마련하지 못하는 것입니다. 경제공부의 중요성을 이해하지 못한다는 말입니다.

유대인들은 자녀들에게 부모가 얼마나 힘들게 돈을 버는 지 확인하게 합니다. 부모님들의 일을 직접 도우며 노동을 체험하게 합니다. 일을 통해 학생들을 성인으로 성장시키는 것입니다. 노동과 계약, 흥정을 통해 경제를 이해하게 합니다. 노동과 금융교육을 통해 전쟁이나 불안한 시대에 '생존 능력'을 최대치로 끌어올리기 위함입니다.

한국 학생들은 어떤가요?
대기업 직원과 공무원, 돈 많이 버는 직업이 이들의 꿈입니다. 유대계 학생들은 남다른 스타트업, 블루오션 창업, 글로벌 사업가가 꿈입니다. 그릇의 크기부터 다릅니다. 한국의 대학생들은 수천만 원의 학자금 대출 빚쟁이로 사회생활을 시작합니다. 그리고 월급쟁이가 됩니다. 월급쟁이는 몸이 아프거나 회사가 망하면 소득이 없어집니다.

유대인 학생들은 자신이 번 돈과 성인식의 축의금을 모아 종 잣돈을 마련합니다. 이런 몇천만 원의 씨드머니와 누적된 경제활 동의 경험치를 통해 두려움 없이 창업에 도전합니다. 창업과 투자 는 이들의 일상이며 당연히 공부해야 하는 '성인으로 가는 통과의 례' 같은 것입니다.

한국의 학생들은 유리몸으로 길러집니다.
우리는 실수와 실패하지 않도록 교육을 받습니다. 시험에서 실수를 해서는 안되고, 문제를 틀려서는 야단을 맞습니다. 유대인 들은 실수와 실패를 허용합니다. 실수와 실패를 통해 깨달음을 얻 도록 유도합니다.

한국에서는 남들과 비슷한 길로 가도록 강요합니다. 하지만 유대인들은 남들이 가지 않는 길에 도전하기를 응원합니다. 무엇 보다 유대인들은 학교가 중심이 아니라 가정교육이 중심입니다. 아주 어린 시절부터 부모님과 함께 토론식 교육을 통해 경제에 관 해 토론합니다. 그러니 유대인들이 세계 금융과 경제에 막대한 영 향력을 가지는 것은 어찌 보면 당연한 결과입니다.

발달장애학생들의 사정은 어떨까요?

이들은 경제교육, 노동과 소득과 경험하고 있나요?

실상 고등학교 졸업 전까지 제대로 된 경제활동을 해보지 못한 학생들이 대다수입니다. 사정이 이렇다 보니 졸업하고 바로 직장생활을 하는 것은 무리입니다. 월급의 진정한 가치를 모르기에 직장생활을 오래 유지할 필요를 느끼지 못합니다. 한마디로 발달장애학생의 대다수는 돈과 노동의 가치를 가슴으로 느껴보지 못합니다. 직접 일을 하며 돈맛을 느껴보지 못했기 때문입니다.

경제교육은 흉내 내기가 되어서는 안 됩니다. 일회성이 아니라 반드시 지속적이고 반복적인 형태여야 합니다. 매월 급여를 받고, 매일매일 어떻게 돈을 사용할지 고민하는 일상적인 모습이어야 합니다.

그럼 가정에선 어떻게 해야 할까요?

장애학생들이 돈의 맛을 느낄 수 있게 해야 합니다. 공짜 점심은, 공짜 용돈은 없어야 합니다. 무조건 주는 용돈과 공짜 선물은 멈추어야 합니다. 그것은 '진정한 사랑'이 아닙니다. 어머니는 아낌없이 주는 나무가 되어서는 안 됩니다. 공짜는 사람을 나약하게 만듭니다. 혹독한 사회에 살아남기 위해서는 강한 심장이 있어야 합니다.

그러니 노동의 대가로 급여, 그러니까 용돈을 주어야 합니다. 학생들은 제 역할과 의무가 있어야 합니다. 설거지, 거실 청소, 화장실 청소, 심부름, 동네 어른들께 인사하기, 신발 정리 등 일을 통해 돈을 벌어야 합니다.

잊지 마세요. 몰입에는 손맛이 필요합니다.

몰입에는 돈맛이 필요하다

저는 돈을 만들었습니다.

정확히 말하자면 특수학교 안에서만 사용하는 토큰(Token)을 제작했습니다. 우리 지역 시청에 교육사업을 공모하였습니다. 이런 사업을 신청하면 정산보고서와 결과보고서를 써야 합니다. 추가로 제 업무의 양은 대폭으로 늘어나는 것입니다. 하지만 저는 실생활 경제교육의 중요성을 알았습니다. 가난한 대학생이었던 많은 아르바이트를 하며 깨달은 것입니다. 그래서 주저 없이 사업에 공모 신청서를 제출하였습니다. 다행히 선정이 되었고 덕분에 원하던 '토큰(Token)'과 '마켓(Market)'을 만들 수 있었습니다.

먼저 토큰을 제작했습니다.

색깔은 매력적인 노란색으로, 토큰의 이름은 "Very good Token(베리 굿 토큰)"이라고 지었습니다.

이 토큰이 바로 발달장애학생들이 노동과 긍정적인 행동을 통해 벌 수 있는 급여의 역할을 하는 것입니다. 토큰의 크기는 500원 동전보다 조금 크고 두꺼웠습니다. 학생들이 돈의 무게감을 느낄 수 있게 하고 싶었습니다. 그래서 무게도 500원보다 조금 무겁게 제작하였습니다. 가볍지 않고 적당히 손에 쥐면 딱 기분 좋을 정도로 디자인했습니다. 다음으로 교내 특수학교에서만 유통될 수 있게 학교 마스코트 심벌을 넣었습니다.

Very Good Token

토큰은 어떻게 사용할까요?

학생들은 어떻게 돈의 맛을 느낄 수 있을까요?

토큰(급여)의 지급 방법은 아래와 같습니다.

학생들은 하루에 1~2개 정도의 칭찬 스탬프를(칭찬 도장 혹은 칭찬 쿠폰) 보상받습니다. 학생들은 노동, 심부름, 발표, 개인별 학습목표, 긍정적 행동 등에 상응하여 보상으로 칭찬 스탬프를 벌게 됩니다. 칭찬 스탬프는 소액이고, 위에서 설명한 토큰은 고액권입니다. 그러니까 학생들은 칭찬 스탬프를 모아 베리 굿 토큰과 교환하게 됩니다. 칭찬 스탬프가 100원 이라면, 베리 굿 토큰은 1000원인 셈입니다.

학생들은 이 토큰을 자신의 지갑에 모읍니다. 그리고 금요일에 교내 마켓을 방문합니다. 다음으로 마켓에서 모은 토큰과 과자, 장난감 대여 등과 교환하게 됩니다.

〈예시〉

A. 교사는 다음과 같이 A 학생의 행동목표를 정합니다.

"점심 시간에 친구들과 잘 어울려 차례 지키며 줄을 잘 선다"

B. 다음, 교사는 학생과 약속 그러니까 계약을 진행합니다.

"만약 계약을 잘 지키면 베리굿 토큰 하나를 지급 받는다"

일주일 정도 모은 토큰으로 마켓에서 간식을 구매합니다. 마켓에는 학생들이 판매자의 역할을 하고 있습니다. 손님으로 온 학생들은 노동자 및 소비자의 역할을 수행하는 것입니다. 앞으로 마켓을 이용하기 위해서는 급여(토큰 혹은 칭찬 스탬프)를 모아야 한다는 사실을 자연스럽게 깨닫게 됩니다. 값싼 물건은 토큰이 조금 필요하고, 비싸고 값진 물건은 토큰이 많이 필요합니다. 즉 비싼 물건을 구입하기 위해서는 인내심을 가지고 토큰을 모아야 합니다. 이처럼 토큰 이코노미를 통해 자연스럽고 지속적으로 노동, 계약, 보상, 소비 등의 개념을 익히게 되는 것입니다.

마켓은 어떤 모습일까요?

직접 주문한 매점 판매대를 학생들과 함께 조립했습니다. 함께 힘을 모아 마켓 안으로 옮겨 설치했습니다. 그리고 판매대에 학생들이 좋아할 만한 간식류를 꽉꽉 채워 넣었습니다. 이 마켓은 은행과 마트의 역할을 동시에 수행합니다.

즉 학생들이 월급을 사용하고, 보상받는 장소가 됩니다. 노동과 긍정적 행동의 결실을 느껴보는 기회를 얻는 것입니다. 바로 돈맛을 느끼는 것입니다. 이제 학생들은 앞으로 수년 동안 특수학교에서도 경제활동에 참가할 수 있게 된 것입니다.

간단히 정리해 보자면 학생들은 보상받은 토큰을 월급처럼 모으게 됩니다. 그리고 교내 마켓에서 자신이 원하는 과자, 장난감 등으로 교환하게 됩니다. 이로써 학생들은 돈과 노동, 긍정적 행동의 상관관계를 맛볼 수 있게 되는 것입니다.

처음에는 자신이 먹고 싶은 것, 갖고 싶은 것을 구매합니다. 다음 단계에는 부모님, 가족, 친구, 선생님 등 주변 사람들에게 선물할 물건도 구매할 수 있게 합니다. 그리고 때론 토큰을 기부하여 조리사님, 운전 기사님, 배움터 지킴이분에게도 선물을 할 수 있게 됩니다.

/

마켓 개업식이 있던 날.

학생들과 행사로 고사를 준비했습니다.
그리고 교장 선생님, 행정실장님, 행정실 계장님, 모든 전공과 선생님들을 한 자리에 모셨습니다. 모두가 함께 만든 마켓이기 때문입니다. 커다란 돼지 저금통을 상에 올렸습니다. 준비한 수육과 과자, 수박을 올렸습니다. 신나는 노래를 틀었습니다. 학생들이 즐거워했습니다. 즐거운 음악에 맞춰 발달장애학생들이 서로 손을 잡고 춤을 추었습니다. 누가 시키지도 않았는데도 말입니다.

앞으로는 가정과의 연계 교육도 시도할 생각입니다.

부모님께서들도 목표 행동 강화 활동에 동참할 수 있도록 하는 것입니다. 예를 들어 '동네 어른들에게 인사를 잘하면 토큰 1개를 지급 받는다. 혹은 일주일에 설거지 3번 하면 토큰을 1개 지급 받는다.'와 같은 계약을 추가할 수 있습니다. 더 멀리 보자면 교내에서 학생들끼리 이런 토큰도 주고받으며 거래하는 시장을 만드는 것이 토큰 이코노미의 최종 목표입니다. 옆 반에서 만든 떡볶이를 토큰을 주고 구매해서 먹을 수 있는 것입니다.

어린 시절 아버지의 모습이 떠올랐습니다.

그 옛날 아버지들은 흰 봉투에 월급을 받으셨습니다. 그날은 꼭 약주를 한 잔 하십니다. 아버지가 집으로 오시는 길엔, 꼭 한 손에는 통닭이나 아이스크림을 들고 오셨습니다. 그리곤 호기롭게 어머니께 월급 봉투를 툭 하고 무심히 던져주셨습니다. 이것이 바로 아버지의 행복, 그 시절 아버지들의 돈맛이었습니다.

지금은 어떠한가요? 돈은 그저 '숫자'에 지나지 않게 되었습니다. 월급날이 되어도 돈은 계좌에 잠시 찍히고 사라지는 숫자에 불과합니다. 돈에 관한 우리의 가치관도 흐려지게 되었습니다. 그러니 우리는 학생들이 돈의 가치를 잊지 않게 꾸준히 자극해야 합니다. 이제 곧 사회로 나가야 할 발달장애 및 학습장애 학생들에게 우리는 돈의 맛을 알려주어야 합니다.

"어머님, 제발 저금 좀 하지 마세요"

취업 설명회를 할 때면, 제가 부모님들께 가장 많이 하는 잔소리입니다. 무슨 소린가 하면 바로 장애인 복지일자리 급여 얘기입니다. 현재 일부 특수학교 전공과에서는 학생들이 일하면서 돈을 벌고 있습니다. 우리 학교 전공과에서는 '특수교육 복지연계형-장애인 일자리 사업'에 참여해 국가와 지자체에서 예산을 받고 있습니다. 학생들은 1~2년 정도 임시로 일을 하고 있습니다.

월급여는 약 50만 원 정도를 받고 있습니다. 비록 1년 ~ 2년 정도의 기간제 일자리이지만, 근로자로 경험해 볼 수 있는 좋은 기회입니다. 하루 4시간 정도 교내에서 여러가지 일을 하면서 근로자로서 소양과 능력을 향상하는 것입니다.

매월 초 급여가 지급되고 나면 저는 학생들에게 묻습니다.
"월급으로 뭐 했니?"
"몰라요…. 모르겠어요"
"힘들게 번 돈인데, 몰라? 돈 어디에 썼는지 기억 안 나?"
"엄마한테 있어요"

학생들의 대답은 비슷합니다. 모른다는 답이 절반, 나머지 절반은 어머니께서 모두 관리한다고 합니다. 이것은 바람직하지 않습니다. 이것은 물고기가 잡힌 낚싯대를 중간에 빼앗아 가는 행동입니다. 학생들의 손맛을 가로채는 것입니다.

누군가 보상 활동을 대신하게 되면 학생은 다시 '경제 바보'가 됩니다. '튼튼하고 강한 성인근로자'가 아니라 그저 '어리고 약한 어린이'가 되어 버리는 것입니다. 돈의 맛을 느껴보지 못했기 때문입니다.

"애가 돈을 관리 못 해서요"
"돈을 다 써버릴지도 몰라서요"

돈 관리 못 해도 됩니다.
돈 다 써버려도 됩니다.
지금은 그것이 중요한 게 아닙니다.

학생들은 당연히 돈 관리를 못 합니다.
어리고 미숙한 것이 당연합니다. 배움에는 '시기'가 있습니다. 배움에는 '적당한 때'가 있습니다. 돈 몇 푼보다 더 중요한 것이 있습니다. 바로 마음 속에서 일어나는 강력한 돈에 대한 욕구입니다. 돈을 벌고 싶다는 강력한 그 마음이 필요합니다. 돈으로 내가 원하는 물건을 사고, 돈으로 엄마를 도울 수 있다는 간절함이 필요합니다. 이런 더 강력한 욕구가 생기는 것이 우선입니다.

돈의 맛을 느끼기 위해서는 그에 합당한 투자가 필요합니다. 최소한 2~3개월은 학생 스스로 온전히 그 월급을 다 써봐야 합니다. 그래야 깨닫게 됩니다. '돈은 좋은 것이구나, 돈은 내 삶에 꼭 필요한 것이다, 돈은 우리 가족을 지켜주는 고마운 것이네'이란 것을 알게 됩니다.

중요한 건 눈에 보이지 않습니다.

저는 공부든 취업이든 무엇이든 눈에 보이지 않는 가치를 유념해야 한다고 생각합니다. 학생들이 어른으로 성장하기 위해서도 마찬가지입니다. 눈에 보이진 않지만 마음속에 어떤 간절한 변화가 있어야 합니다. 그리고 그 변화의 소용돌이를 일으키기 위해서는 강력한 자극이 필요합니다.

학생의 급여는 보호자의 몫이 아닙니다.

학생들이 한 달 동안 학교에서 선생님들과 급식소 어머님들께 잔소리와 꾸중을 들으며 번 돈입니다. 하루 4시간의 노동과 맞바꾼 가치입니다. 그 뿌듯함과 보람을 누군가 중간에 가져가 버리면 어떻게 될까요? 학생과 돈에 대한 열망은 찬밥처럼 식어버립니다. 그 강력한 연결고리가 신기루처럼 사라져 버리는 것입니다.

저도 여러분도 모든 사람들은 돈을 사용하며 행복함을 느낍니다. 발달장애학생들도 같습니다. 똑같은 감정이 있습니다. 욕구가 있고, 만족이 있고, 사랑이 있고, 행복이 있습니다. 돈을 벌면 쓰고 싶은 마음도 있는 것입니다.

돈은 써야 제맛입니다.
우리는 현재가 아니라
미래에 투자해야 합니다.

완벽함에 대한 욕심은 버리세요.
우리는 간혹 성공적인 결과에만 집중을 합니다. 간혹 학생에게 숙제를 내면, 학생이 아니라 보호자의 손길이 느껴집니다. 학생 대신 보호자가 90% 이상 숙제를 한 것입니다. 선생님이 원한 것은 완성도 높은 작품이 아닙니다. 뭔가 어설프고 미완성된 것이라도 학생이 직접 체험하는 것이 필요합니다. 그것이 학습의 본질이란 것을 잊지 않아야 합니다.

학생들은 돈을 벌고 쓰면서 실수를 합니다.
당연합니다. 당연한 것이니 그냥 기다려주세요. 학생들은 더 많은 실패 경험이 필요합니다. 그래야 강하게 성장합니다. 누군가 대신해주기 시작하면 의지하려는 약한 마음이 생깁니다. 그런 학생은 본인 스스로의 삶을 끌고 갈 수 없습니다. 역경을 이겨낼 수 있는 에너지를 가질 수 없습니다.

실패도 배움의 한 과정입니다.
실패도 해보고 야단도 맞아봐야 합니다. 사회가 그런 모습이기 때문입니다. 혹독한 사회생활을 위해 미리 담금질이 필요합니다. 돈이 없어서 난처해하는 그런 경험도 필요 합니다. 수 없이 실수하고, 실패하고, 다시 칭찬받으며 자라야 합니다. 학생이기에 실패권은 당연한 권리입니다. 그러니 주변에서는 삶의 일부분인, 실패 경험을 학생들에게서 뺏어가면 안 되는 것입니다.

우리는 누구나 실패 경험이 필요합니다. 여러 번의 실패를 통해서만 배움에 이를 수 있습니다. 무쇠는 여러 번 내려쳐야 단단해 집니다. 자전거를 배울 때도 수십 번 넘어져야 합니다. 김치찌개를 끓일 때도 수십 번의 아리송한 맛을 느껴봐야 합니다. 그래야 비로소 어머니의 손맛처럼 꽤 괜찮은 김치찌개를 흉내 낼 수 있습니다. 평생동안 어머니가 끓여주는 김치찌게를 먹을 순 없습니다. 스스로 해야 할 몫이 있습니다.

학생의 국자를 뺏으면 안 됩니다.
소중한 실패 경험을 가로채면 안 됩니다.
학생의 급여를 뺏으면 안 됩니다.

다쓰고 없어져도 돈 맛을 배워야 합니다.

무대의 주인공은 늘 학생이어야 합니다.

다른 분들은 무대 밑으로 내려가야 합니다. 비록 김치찌게가 맛이 없더라도 학생이 직접 만들어 보는 것. 학생이 주체가 되는 그런 직업훈련이 필요합니다. 돈이 계좌를 스치며 잔고가 0원이 되더라도 학생이 직접 실패를 해보는 것이 중요합니다.

몇십 년 후에 부모님이 계시지 않더라도 스스로 살아갈 수 있는 그런 자립 훈련이 필요합니다.

누군가의 도움으로
　　　　　실패 없는 삶은 의미 없습니다.
누군가의 도움없이
　　　　　실패 있는 삶이 더 가치 있습니다.

이로써 학생의 생존본능을 깨워야 합니다.

뇌의 비밀을 이용하라

저는 수학을 못합니다.

그래서 수학을 싫어합니다. 수학을 잘하는 친구를 보면 참 신기했습니다. 신규교사로 발령을 받으며 같은 학교 수학 선생님과 함께 자취하게 되었습니다. 같은 나이라 우리는 바로 친구가 되었고, 외로운 시골에서 운동도 하면서 교사생활을 함께 보냈습니다.

어느 날 수학 교사인 친구에게 물었습니다.

"도대체 학교에선 수학을 어떻게 가르쳐? 똑똑하고 수학을 잘하는 학생도 있겠지만, 나처럼 수학을 어려워하는 학생들도 많을 텐데?"

친구의 답은 의외로 간단했습니다.

"그래서 평균에 맞춰서 수업을 준비하지. 어쩔 수 없어. 학생들 수준이 너무 차이가 나니까. 중간 수준에 맞춰 강의하고, 나머지는 본인 스스로 해결해야 해"

맞는 말입니다.

여기서 가장 중요한 포인트는 '본인 스스로'라는 단어입니다. 배움은 늘 본인 스스로 해결해야 합니다. 학습의 중심은 사실 교사가 아니라 학생에 있습니다. 교육의 책임도 학교가 아니라 학생에게 있습니다. 한 교실에 25명이 넘는 학생들은 학습 수준과 특성이 모두 각각 다릅니다.

A학생은 교과서만 읽어도 내용의 90% 이상을 이해합니다. 반면 B학생은 강의식 듣기 과정을 통해 천천히 진행해야 겨우 50% 정도 이해합니다. 그런데 수업은 25명 이상 모든 학생을 대상으로 40분 안에 진행됩니다. 한정적인 시간에 가르쳐야 할 대상은 다수입니다.

수학이나 영어, 언어능력은 개인별 수준 차이가 큰 편입니다. 그러니 교사 한 명이 다수 학생 각각의 개별 수준에 맞춰 교육하는 것은 사실 불가능에 가깝습니다. 이렇게 진짜 배움의 시작은 교육의 한계를 이해하는 것에서 출발해야 합니다.

영어를 배우는 과정을 생각해 봅시다.

사실 영어는 언어입니다. 높은 점수가 아니라 실생활 의사소통으로 다가가야 합니다. '듣기, 말하기, 읽기, 쓰기'를 무수히 반복해야 합니다. 아기가 언어를 배우는 과정이 그러하듯이 말입니다. 이러한 반복의 과정을 학생 스스로 시도하고 되풀이해야 합니다. 그래야 진짜 언어로써 영어를 익히게 됩니다. 하지만 학교에서는 수업 시간도, 훈련 시간데 제한됩니다.

학년별로 편성된 영어 교육과정을 그저 따라가기만 해서 원어민처럼 영어를 사용할 수 있던가요? 아닙니다. 우리는 몇십 년을 영어를 배웠지만, 유창하게 영어를 사용하는 사람은 거의 없습니다. 배움이라는 것은 그렇게 단계적으로 시기에 맞춰 딱딱 떨어지는 것이 아닙니다.

영어를 잘하고 싶다면 스스로 더 노력해야 합니다. 혼자 스스로 익히고 훈련하는 나만의 '내면화 과정'을 마련해야 합니다. 그렇습니다. 배움은 수동태가 아닙니다. 배움은 늘 능동태에 있습니다. 영어로 된 영화를 보고 영어 동요를 들어야 합니다. 이미지를 형상화하고 문장을 쉐도잉하며 여러 번 따라 말해야 합니다. 자기 수준에 맞는 원서를 스스로 찾아보며 읽어야 합니다. 이렇게 적극적인 사람들, 스스로 훈련한 사람들이 영어를 잘합니다. 학교 공부와는 별개로 말입니다. 핵심 포인트는 이렇게 늘 적극적인 방향으로 움직여야 한다는 점입니다.

능동적인 방향으로 움직여야 더 깊이감 있게 이해할 수 있습니다. 자기주도학습이 필수입니다. 자기주도학습에 있어 가장 먼저 해야 할 일은 바로 '뇌(brain)'에 대한 이해입니다. 뇌 기반 학습을 통해 우리는 학습능력을 크게 향상할 수 있습니다. 짧은 시간을 공부해도 남보다 뛰어난 성적을 보이는 학생들이 있습니다. 바로 은연중에 뇌의 특성을 알고 이를 잘 활용하고 있는 학생입니다.

'뇌의 작용원리'에 대해 이해해야 합니다.

왜냐하면 공부한 내용, 여러분이 보는 모든 자극과 정보가 뇌(brain)에 저장되기 때문입니다. 대뇌는 아래 그림처럼 뇌의 신경세포인 뉴런, 그리고 뉴런과 뉴런 사이의 떨어진 공간 시냅스로 구성됩니다.

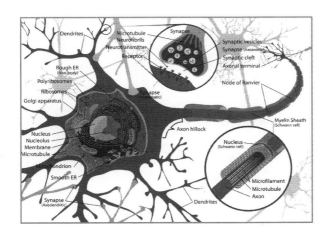

뇌 기반 학습에 따르면 정보는 순수한 형태 그대로 저장되지 않습니다. 도서관의 분류 시스템처럼 종류에 따라 구분하여 대뇌 피질 어딘가로 저장됩니다. 정보는 순수한 원본 그대로 저장되지 않습니다. 그러니까 공부하는 그 모든 내용은 '재구성'되어 뇌에 저장됩니다.

이러한 기억의 저장 과정은 누군가 대신해 주지 못합니다. 본인의 뇌 속에 의식적, 무의식적으로 저장되는 것입니다. 어떤 정보는 1시간만 지나도 망각되어 사라집니다. 반면 또 어떤 기억은 몇 년이 지나도 쉽게 생각이 납니다. 정보량, 감정, 의식적인 노력 여부에 따라 기억의 양과 기간이 다르게 저장됩니다. 결과론적으로 학습의 모든 책임과 결과는 학습자에게 있는 것입니다. 기억의 모든 결과가 학습자에게 달린 것처럼 말입니다.

뇌는 가소성이란 특성이 있습니다.
집중력, 감정, 반복 등 다양한 조건에 따라 뇌의 신경 구조적인 변화가 일어나는 것입니다. 반복 학습과 유의미한 정보 간의 연결고리를 만들면 오랜 시간 기억할 수 있습니다. 이런 경우 뇌 안의 뉴런과 시냅스 신경 체계에 구조적인 변화가 일어나게 됩니다. 공부를 잘하기 위해서는 이러한 기억과 망각의 과정을 먼저 이해해야 합니다. 뇌의 작용원리를 익혀야 합니다.

공부를 잘하는 학생과 그렇지 못한 학생이 차이점은 무엇을까요? 전략적 사고의 차이에 있습니다. 자기주도적인 학습자, 메타인지가 뛰어난 학생들은 다음과 같이 생각합니다.

"공부한 것들을, 스스로 정리할 시간이 필요해"

맞습니다. 공부 머리가 뛰어난 학생들은 스스로 공부의 방향과 속도를 결정합니다. 무엇을, 어떻게, 어디서, 언제 공부를 할지 스스로 결정합니다. 남들이 떠먹여주는식의 공부를 하지 않습니다. 스스로 밥상을 차리고, 스스로 밥을 먹고, 스스로 설거지까지 해결하는 '스스로 공부'를 실천합니다.

발달장애학생도 마찬가지입니다.
무엇인가를 배우고 뇌에 저장하는 과정은 누구나 같습니다. 자립심, 도전 정신, 자기주도적 학습이 뛰어난 학생들에게 배움의 효과가 더 큰 것입니다. 장애 학생들의 교육에서도 당연히 이러한 뇌 과학적 접근법이 필요합니다. 뇌에 대해 공부하고 반복학습, 뇌자극 주기, 망각과 기억을 활용하기 등을 병행해야 합니다.

간단히 정리해보겠습니다.
학생들은 스스로 찾아다니며 스스로 하는 공부를 해야 합니다. 학습한 내용을 장기기억에 저장하기 위해서 학생들은 능동적인 학습 태도를 지녀야 합니다. 발달장애학생들도 마찬가지입니다. 이들도 학습의 주인이 되고 인생에서도 주인이 되어야 합니다.

어른들에게 필요한 것은 '기다림'입니다.

학생들이 가능한 여러 번 실패 경험을 하도록 허용해야 합니다. 스스로 깨닫는 과정을 통해 무엇인가 배울 수 있도록 기다려주는 태도가 필요합니다. 학생들에게 진정으로 필요한 것은 문제를 빨리 해결해 주는 조력자가 아닙니다. 그들에게 필요한 것은 한 발 뒤로 물러서 있는 그림자입니다. 무대 밑의 연출가처럼 말이죠. 학생이 스스로 어려운 부분을 해결하도록 기다려 줄 수 있는 인내가 필요합니다.

/

뇌 기반 학습의 비밀을 알아보자

한 발짝 더 나가보겠습니다.

좀 더 구체적으로 뇌의 특성, 뇌의 비밀을 알아보겠습니다. 우리의 뇌는 어떤 특성이 있을까요? 발달장애학생들이 구체적으로 뇌의 특성을 잘 활용하려면 어떻게 해야 할까요?

첫째, 자기주도적인 반복 학습이 필요합니다.

우리는 아래 '에빙하우스의 망각곡선'에 학습의 힌트를 찾을 수 있습니다. 시간의 경과에 따라 우리 기억의 대부분은 급격하게 망각됩니다. 1시간, 12시간, 24시간, 일주일 등 이렇게 시간이 지나면서 공부한 내용의 대부분은 망각되어 사라집니다. 이것은 누구에게나 일어나는 자연스러운 과정입니다.

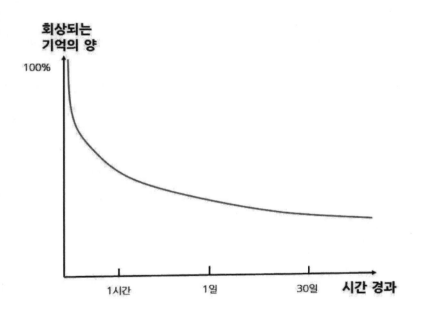

에빙하우스의 망각곡선

우선 이것을 반드시 기억해야 합니다.

"망각은 자연스러운 과정이다"

에빙하우스의 망각곡선이 의미하는 바는 간단합니다. 스스로 공부하는 시간, 혼자서 복습하는 시간의 필요성을 강조합니다. 지속적이고 반복적인 학습 기회를 제공해야 한다는 것입니다. 공부한 것을 내 것으로 소화하는 '자기화(내면화) 과정'이 필요합니다. 망각되지 않으려면 무엇이든 의미 있는 시연의 과정(복습의 과정)이 필요합니다. 그러니까 유의미한 반복의 과정이 있어야 합니다. 여러번 복습할 경우, 에빙하우스의 망각곡선은 아래와 같이 변하게 됩니다.

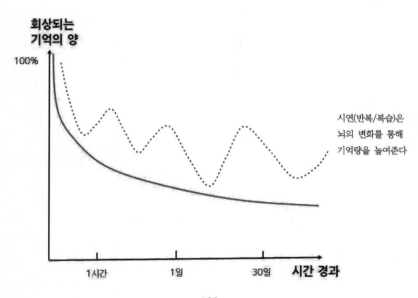

시연(반복/복습)은 뇌의 변화를 통해 기억량을 높여준다

뇌의 특성을 학습에 활용하기 위해서는.

둘째, 능동적으로 사고하는(contemplate) 공부가 필요합니다. 사람들은 오해합니다. 학생들을 학교에 맡기면 알아서 교육할 것이라고 말입니다. 하지만 그것은 큰 착각입니다. 세상 어느곳의 교육기관도 학생을 책임질 수 없습니다. 학교 교육은 그저출발점일 뿐입니다.

학습은 스스로 해결해야 합니다. 그 이유는 위에서 설명한 '뇌가 기억하는 정보의 양 그리고 망각의 속도'와 관련이 깊습니다. 능동적인 공부와 수동적인 공부의 차이는 아래와 같습니다.

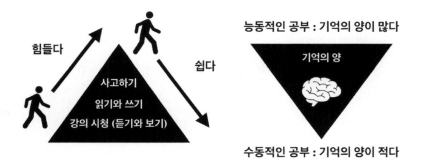

능동적인 공부와 수동적인 공부의 차이

학습이란 '등산'과 비슷합니다.

산에 올라갈 때는 힘이 듭니다.

반대로 산에서 내려오는 과정은 비교적 쉽습니다. 대부분의 학생은 쉬운 과정, 즉 산에서 내려오는 과정만 반복합니다. 예를 들어 수업 시간에 강의를 듣고, 보는 것이 바로 '쉬운 과정'입니다. 눈만 뜨고 선생님만 보면 됩니다. 여기서 함정은 눈으로는 보되, 머리로는 딴생각에 빠져도 선생님이 모른다는 점입니다.

'쉬운 과정'은 편한 만큼 기억의 양은 현저하게 낮습니다. 조금만 시간이 지나도 대부분의 학습 내용은 망각되어 뇌에서 사라집니다. 공부를 못하는 학생들은 대부분 강의를 듣는 것을 '공부했다'라고 착각하는데 전혀 아닙니다. 이때 공부한 것은 대부분 장기기억에서 사라지고 망각됩니다.

다음으로 쉬운 것은 읽기와 쓰기 과정입니다.

듣기와 보기보다는 조금 더 힘든 과정입니다. 하지만 집중하지 않거나, 반복하지 않으면 대부분 정보는 망각됩니다. 무의미하게 읽고, 무의미하게 쓰는 학습은 기억의 양을 향상할 수 없습니다. 학생 대부분은 이러한 보통 수준의 학습에 머무르게 됩니다. 학교에 다녀와서 힘들다, 수업을 들어서 힘들다는 것은 솔직히 거짓말입니다. 너무나 쉽고 편한 과정입니다. 어렵고 힘든 것은 그다음 단계입니다.

가장 힘든 단계는 바로 사고하며 공부하기 입니다.

이것이 가장 어렵고 힘든 공부입니다. 이렇게 공부는 어렵게 해야 합니다. 그래야 장기기억에 저장됩니다. 앞의 그림에서처럼 고차원적인 학습이 기억의 양과 회상력을 높여줍니다. 쉽게 말해 '어려운 과정, 사고하는 공부'가 진짜 공부입니다. 그리고 이런 힘든 공부를 하는 학생들이 공부를 잘하는 학생입니다.

사고하며 공부하기란 깊게 생각하며 공부하는 것입니다. 책을 읽을 때에도 문장을 여러 번 곱씹으며 읽습니다. 저자의 논리에 반박하며 읽거나 혹은 적용 사례를 떠올려 봅니다. 이해가 안 되면 여러 책의 내용을 비교하면서 읽습니다. 공부한 내용을 재구성하며 노트에 기록합니다. 한 권으로 단권화하는 것입니다. 배운 내용을 적용해보거나 논리적으로 따져보며 공부하는 것입니다. 한마디로 생각에 생각을 더하는 학습법입니다.

'사고하며 공부하기'는 등산 코스에 꼭대기에 있는 것처럼 가장 힘든 과정입니다. 하지만 이렇게 어렵게 공부하면 기억의 양을 최대치로 높일 수 있습니다. 공부한 내용을 장기기억 속으로 넣어, 오랜 시간 동안 기억할 수 있습니다. 제가 이론식, 강의식 수업을 반대하고 활동적, 체험식 수업을 강조하는 이유입니다.

뇌의 특성을 잘 활용하려면,
셋째, 연결고리를 만드는 유목화 과정이 필요합니다.

유목화란 무엇인가요?
아래 그림과 같은 과정이 바로 유목화입니다.

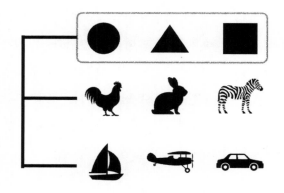

정보의 유목화(그룹화)

　무엇인가를 배우고 익히는 동안 가장 필요한 것은 무엇일까요? 그건 바로 정보 간의 연결고리를 만들어 주는 작업입니다. 쉽게 말해 뇌가 기억하기 편하게 편집하고 재구성하는 것입니다. 예를 들어, 위 그림처럼 우리의 뇌는 무의식적으로 대상을 유목화

(chunking)하여 기억하려는 경향이 있습니다. 우리가 의식하지 않아도 뇌는 무의식적, 본능적으로 정보를 그룹화합니다.

정보의 유목화(그룹화)는 오랜 시간의 생존본능이 자연적으로 뇌에 반영된 결과입니다. 의식적이든, 무의식적이든 우리는 기억해야 하는 정보를 조직하여 재구성합니다. 그러니까 우리의 뇌는 기억하기 편하게 같은 특성끼리 모으고 분류해서 그룹화합니다.

이러한 그룹화/유목화는 뇌가 기억하는 정보의 양을 줄여줍니다. 뇌 안에 정보를 저장하기 찾기 쉽게 만들어 주는 것입니다. 예를 들어 '도서 분류'을 떠올릴 수 있습니다. 도서관에 가면 '100번-철학', '600번-기술과학', '700번-예술', '800번-문학'처럼 종류별로 책을 분류합니다. 이렇게 분류하면 책을 보관하기도, 관리하기도, 찾기도 쉽습니다. 뇌도 마찬가지로 이렇게 분류하면 학습 내용을 저장하기도, 인출하기도 쉽습니다.

그럼 유목화를 어떻게 활용할 것인가?
바로 마인드 맵입니다.

마인드맵(Mind-map)은 이러한 뇌의 유목화 특성을 잘 반영한 학습법입니다. 학습한 내용을 이렇게 유목화한다면, 기억의 처리량과 속도를 상당히 높일 수 있습니다.

따라서 발달장애학생의 특성을 고려해 최대한 정보를 조직화, 단순화, 시각화하여 제공할 필요가 있습니다. 이러한 마인드맵 작성하기 활동은 정보의 재구성 및 기억 저장에 관한 뇌의 특성에 아주 적합한 학습 방법이라 할 수 있겠습니다.

마인드맵은 뇌의 특성을 잘 반영한 학습법

"TV 좀 그만 보고, 이제 공부 좀 해!"

자녀에게 말합니다.

다른 아이들은 학원이며 과외며 다들 열심히 공부한다는데. 늘 소파에 누워 TV만 보는 우리 집 아이만 보면 왠지 못나고 미운 마음이 듭니다. 잔소리라도 좀 하면 그제야 책상에 앉아 책이라도 몇 줄 보는 척을 합니다. 하지만 사실 머릿속으론 글자 하나도 입력되지 않습니다. 왜 이런 비효율적인 일상이 되풀이 될까요?

시험 공부보다 진짜로 더 중요한 공부가 있습니다. 진로 선택이나 취업에 관한 고민과 공부입니다. 학생들은 자신의 진로에 대해 스스로 고민하고 괴로워해야 합니다. 그리고 스스로 극복하는 과정을 통해서 학생들은 엄청나게 많은 것들을 깨달을 수 있습니다.

"공부 좀 해라"는 잔소리는 효과적이지 않습니다. 학생의 진로와 관련된 경험을 갖게 해주는 것이 사실 더 빨리 목적지에 도달하는 해법입니다. 느려 보여도 강력한 학습 동기를 갖게 하는 것이 우선이 되어야 합니다. 목마른 사슴이 물을 마시는 것입니다. 목이 마르지 않는 사슴에게 억지로 물을 먹이려고 해서는, 사슴의 뒷발에 정강이를 차이기 쉽습니다. 따라서 모든 배움의 과정은 학습자가 스스로 고민하며 해결해야 합니다.

학원도 마찬가지입니다.

학교에서 찾지 못한 답이 학원에 있진 않습니다. 학원에서의 공부도 학생이 스스로 정리하고 복습하지 않는다면 순식간에 망각되어버립니다.

저는 보통 이하의 성적에, 지극히 평범한 학생이었습니다. 중고등학교 시절, 공부를 잘하는 편이 전혀 아니었습니다. 대학생 때는 학사 경고를 2번이나 받았습니다. 한 번만 더 학사경고를 받았다면 아마 재적 처리가 되었을 겁니다. 그때 저는 공차고 술 마시고, 술 마시고 공을 찼습니다. 학사 경고 2번은 당연한 결과입니다.

그랬던 제가 대학교를 수석 졸업했습니다.

학사 경고 2번의 돌대가리가 어떻게 수석 졸업을 할 수 있었을까요? 어떤 특별한 방법이 있었을까요? 제 머리가 너무 좋아서 그런 것일까요? 아닙니다. 그 이유는 단 두 가지입니다.

간절함과 뇌 기반 학습.

이 두 가지가 바로 진짜 공부를 위한 비밀 열쇠입니다.

학원가에서 말하는 '1등급으로 가기 위한 비밀'이란 광고를 저는 믿지 않습니다. 꼴찌에서 1등까지를 경험해보았기 때문입니다. 진짜 공부를 위해 필요한 것은 간절함과 뇌 기반 학습. 이 두 가지만 있으면 됩니다. 과외 선생님도 필요 없고 학원도 필요 없습니다.

대뇌의 작용과 그 기전을 먼저 알아야 합니다.

그다음에 공부를 시작해야 합니다. 대부분의 학생은 뇌에 관해 공부하지 않습니다. 친구 따라, 엄마의 결정에 따라 학원으로 갑니다. 그러면서 악순환이 계속됩니다. 영원히 수동적인 학습자로 머문 채, 떠먹여 주는 공부만 받아먹는 '공부 바보'가 됩니다.

뒤에서 아빠가 잡아주는 자전거만 탄다면, 과연 자전거를 배울 수가 있을까요? 여러 번 넘어질 수 있는 용감한 학생만이 더 깊고 빠른 배움을 얻을 수 있습니다.

공부도 마찬가지입니다. 소수의 똑똑한 학생들, 최상위권의 명석한 학생들은 지금 '뇌'에 관해 공부하고 있습니다. 해마 학습, 뇌 기반 학습, 자기주도 학습 등에 관한 책과 영상을 찾아보고 있습니다. 여기에서 중요한 포인트는 바로 '스스로 찾아보고 있다.' 라는 말입니다. 누가 시키지도 않았는데, 스스로 그것을 찾아보고 있는 것입니다. 이것이 바로 공부를 잘하는 학생과 그렇지 않은 학생의 차이입니다.

간절함이 답이다.

"시험에 떨어지고 싶은 분은 계속 뒤에 앉아 계시고
 꼭 붙고 싶은 분은 앞자리로 옮겨 앉아주십시오."

교사 임용고시생들을 위한 특강에서 제가 가장 먼저 한 말입니다. 합격과 불합격의 차이는 바로 '간절함'에 있습니다. 그것은 발달장애학생도 마찬가지입니다.

간절함이 다른 사람은 눈빛 자체가 다릅니다.
배움의 자세가 다릅니다. 삶을 살아가는 태도부터가 다릅니다. 다르지 않으면 변할 수 없습니다. 변하지 못하면 삶을 변화시킬 수 없습니다. 역으로 삶을 변화시키고 싶다면 변해야 합니다. 태도가 달라져야 하고 배움의 자세가 달라져야 합니다. 그리고 간절함을 가져야 합니다.

그럼 간절함은 어디에서 올까요?
우리는 어떻게 간절함을 자극할 수 있을까요?

답은 능동적인 삶에 있습니다. 주체적인 자기 선택이 간절함을 이끌게 됩니다. 그리고 다시 그 간절함이 자신의 목표를 향해 달려가게 하는 에너지가 됩니다. 그러니 진정한 배움과 성공을 위해선 우리는 늘 능동적인 삶을 살아야 합니다.

　　기억해주세요. 단 두가지 입니다.
　　진짜 공부에는 간절함과 뇌 기반 학습입니다.

**진짜 공부에 필요한 것은
간절함과 뇌기반 학습**

데이터로 불확실함을 줄여라

만화 〈원피스〉의 주인공 루피

"너! 내 동료가 되어라!"

만화 〈원피스〉의 주인공 루피가 외치는 대사입니다. 〈원피스〉
는 해적 이야기를 담은 판타지 만화입니다. 지금까지도 전세계적
인 인기를 끌고 있습니다. 아이들도 어른들도 몇십년 동안이나
이 만화에 푹 빠져 있습니다.

주인공 해적 선장 '루피'는 판타지 세계 곳곳을 여행하며 다양한 친구들을 만나게 됩니다. 하늘 위를 배가 날기도 하고, 친구들이 구름 속을 걷기도 합니다. 등장하는 인물들도 남들이 보기엔 아주 이상하거나 괴팍해 보입니다. 도저히 다른 사람들과 섞일 수 없는 성격의 소유자들입니다. 하지만 루피는 개의치 않고 해적 팀의 동료가 되어주길 부탁합니다. 루피의 눈에는 보이는 것입니다. 바로 남들이 보지 못한 그 친구만의 매력이 말이죠.

맞습니다. 〈원피스〉는 해적 이야기만이 다가 아닙니다. 원피스 안에는 친구들 간의 우정, 포기하지 않는 도전, 동료 간의 협동심, 친구를 위한 희생까지 녹아 있습니다. 〈원피스〉는 무한한 상상력의 세계를 담고 있습니다. 상상을 초월하는 다양한 개성의 인물들도 만나게 됩니다. 전세계적으로 인기를 끄는 이유가 바로 여기에 있습니다.

그런데 조금 황당하지 않나요?
"너! 내 동료가 되어라!"

갑자기 동료가 되어달라니 조금 당황스럽기까지 합니다. 때론 악당에게까지 친구가 되자고 합니다. 주인공 루피는 정말 상남자 같은 캐릭터입니다. 한편으로 생각하면 상당히 뻔뻔한 부탁입니다. 부탁 같은 강요, 강요 같은 부탁입니다. 여러분은 어떤가요?

호감있는 사람에게 "내 친구가 되어죠!"라고 용기 있게 말할 수 있으신가요?

저는 이런 '뻔뻔함'이 필요하다고 생각합니다.

바로 발달장애학생 취업에 있어서 말입니다. 우리는 누구에게나 도움을 요청할 수 있어야 합니다. 우리 편이 되어달라고 부탁할 수 있는 강단이 필요합니다.

경상도 사투리 중에 '무까끼하이'라는 말이 있습니다.

바로 무식하게 앞뒤를 계산하지 않고 바로 행동한다는 뜻입니다. 장애학생 취업 문제를 해결할 땐 이렇게 과감한 추진력이 필요할 때가 많습니다. 이런저런 고민으로 좋은 기회를 놓치지 않아야 합니다. 바로 뻔뻔함과 '무까끼하이' 정신이 필요한 것입니다.

"애들이 졸업하면 주로 어디로 가나요?"
"어디 취업 자리는 좀 있나요?"

부모님들께서 저에게 가장 많이 하는 질문입니다.

장애학생들이 졸업하면 도대체 어디로 가게 되는지 궁금합니다. 주변을 보니 대충은 알겠는데 확실하게는 모르겠습니다. 확실하게 모르니 걱정이 되고 마음이 불안합니다. 마음이 불안하니 이게 맞는지 의구심이 듭니다. 그러다 보면 집중하지 못하게 됩니다. 어느 길로 가야하는지 어디로 취업하면 좋을지 다시 고민은 원점으로 돌아오고 맙니다.

이런 불확실함과 불안한 마음을 줄이는 데 필요한 것이 있습니다. 바로 '데이터'입니다. 우리는 데이터를 통해 '길 찾기'를 시도해야 합니다. 네비게이션처럼 데이터를 활용해 불확실한 진로의 로드맵을 그려볼 수 있습니다. 그러기 위해서는 먼저 지도를 펴고 보물이 숨겨진 곳을 찾아보아야 합니다. 〈원피스〉에 등장하는 해적 선장 루피처럼 말입니다. 우리도 보물찾기 지도를 시작해야 합니다.

지도? 보물? 무슨 얘기일까요? 저는 커다란 지도를 주문했습니다. 바로 우리 동네 지도입니다. 맞습니다. 여러분이 생각하는 바로 그것. 부동산에 가면 볼 수 있는 바로 그 지도입니다. 그것이 우리의 보물 지도입니다. 저는 제 동료, 그러니까 전공과 선생님들과 함께 우리 학교와 학생들의 거주지를 중심으로 보물찾기에 나섰습니다.

구체적인 방법은 이렇습니다. 먼저 보물 지도를 폅니다. 다음으로 학생들이 졸업 후에 가게 될 기관들을 표시했습니다. 장애인복지관, 표준사업장, 보호작업장, 주간보호소까지 위치를 확인합니다. 다음으로 그 위치에 빨간색 스티커를 붙였습니다. 그리고 주로 사업체 혹은 기관에 라벨 스티커를 붙였습니다. 라벨 프린터를 사용하여 주요 기관명을 프린트해서 지도에 부착했습니다.

다음으로 취업 결과 분석을 공유했습니다.
지도를 보며 우리 동네 보물들을 점검해 보는 겁니다.

〈예시〉

A : "우리 도시의 중심과 서쪽 **동, 시내 쪽으로는 마트, 카페, 식당 등 서비스업 많이 분포한 지역입니다"

B : "동쪽으로는 OO산업단지가 개발 중입니다. 제조업이 많아 2~3년 후에는 생산직 일자리가 생겨날 것으로 예상됩니다. 하지

만 교통이 불편해 대중교통을 이용할 수 없는 학생들은 취업이 어렵습니다. 활동보조인이 출퇴근 지원이 가능하다면 좋겠습니다"

C : "다음으로 @@지역입니다. 지금은 일자리가 부족합니다. 하지만 도서관, ##마트, 요양병원 등 환경미화 쪽으로 취업처를 찾아볼 수 있겠습니다."

D : "마지막으로 남쪽입니다. 쇼핑 복합상가가 있습니다. 향후 리조트와 호텔, 창고형 마트, 놀이공원 등이 개발 예정입니다. 호텔 객실 정리, 놀이 공원 관리 등으로 도전해 볼 수 있겠습니다."

이런 식으로 지역사회 전반을 분석합니다.

지도를 활용해 도시의 산업단지 및 주요 업종, 신생 직업군에 대해 아이디어를 공유합니다. 물론 인터넷으로도 지도를 볼 수 있습니다. 하지만 이렇게 대형 지도를 활용해 손가락으로 집어가며 대화를 나누는 과정도 필요합니다. 이를 통해 출퇴근 거리, 거주하는 도시의 주요 직업군에 대해 다시 한번 생각을 정리해 볼 수 있습니다.

다음으로 중요한 작업이 있습니다. 새로운 보물, 새로운 동료들을 발견하는 것입니다. 바로 학생들의 지원군이 되어줄 '새로운 자원'을 파악하는 것입니다.

자원? 자원은 또 뭔데?

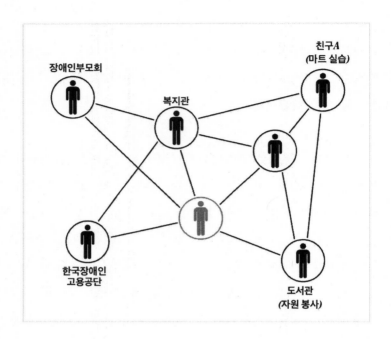

여기서 자원이란 학생의 전환을 도와줄 인적 네트워크나 인프라를 말합니다. 학생들이 이용할 수 있는 스포츠센터, 복지관, 공공도서관, 병원, 대중 교통시설, 장애인부모회, 친척의 집 등 모든 인적, 물적 자원들을 포함하는 것입니다. 이런 자원망을 파악하고 있어야 합니다.

취업이 바로 가능한 친구들도 있겠지만, 시간이 더 필요한 친구들도 있습니다. 이럴 때는 직업 훈련 시설을 표시합니다. 특히 취업 정보를 얻을 수 있는 장애인고용공단, 복지관, 여성 지원 기관 등 주요 기관들은 특별한 표시를 해두면 좋습니다. 그러면 잊지 않고 분기별로 취업 정보를 문의할 수 있습니다.

지도를 통한 데이터 분석은 여러모로 편리합니다.
학생의 생활권을 중심으로 취업처를 고려해 볼 수 있습니다. 서비스업과 제조업 중에 어디로 취업을 노리면 좋을지 생각을 정리해 봅니다. 아무래도 시내 쪽으로는 서비스업이, 외곽 지역으로는 산업체들이 모여 있는 경우가 많습니다. 부모님들과 함께 지도를 보며 여러 정보를 종합해 고려해 볼 수 있습니다.

학생의 방 안, 눈에 잘 띄는 곳에 지도를 붙이고 목표하는 기업체를 표시해 둘 수도 있습니다. 그 사업체에 취업이 안 되더라도 이러한 목표지향적인 활동 자체가 학습동기를 높여 주는 효과를 얻을 수 있습니다.

이렇게 미래 직업을 시각적으로 가시화하는 것은 매우 효과적입니다. 막연하게 꿈만 꾸는 것과 매일 눈으로 보면서 꿈을 구체화하는 것에는 큰 차이가 있습니다. 꿈은 구체적일수록 현실화할 가능성이 높기 때문입니다.

"나는 바리스타가 될 거야"가 되어서는 안 됩니다.

"나는 00동 스타벅스 매장에서 일할 거야"

　이런 식으로 좀 더 구체적으로 표현해야 합니다.

　꿈에 한 발자국씩 더 가까이에 다가가야 합니다. 이것이 바로 지역사회 중심의 취업 교육입니다. 막연한 꿈은 현실화할 가능성이 작습니다. 막연함을 구체화해야 합니다. 이를 위해 가장 먼저 시작해야 하는 일은, 바로 우리 동네 산업과 고용 현황 데이터를 분석하는 것입니다. 다음으로 내가 가진 자원을 최대한으로 시각적으로 모아보는 작업이 필요합니다.

손품과 발품을 팔아야 합니다.

발달장애학생들은 선택권이 없습니다.

다수의 발달장애학생은 갈 곳이 없기 때문입니다. 진로도 선택권이 있어야 고민하는 것입니다. 하지만 다수의 발달장애학생들은 '고민'의 기회마저 주어지지 않는 경우가 많습니다. 그래서 앞서 말씀드린 '무까끼하게(무식하게)' 시도할 용기가 필요합니다. '되면 좋고, 안 되면 말고'라는 식의 도전 정신이 필요합니다.

다행스럽게도 마을 학교, 마을 교육이 떠오르고 있습니다.

지역사회 중심의 프로젝트, 우리 동네 소규모 마을 네트워크가 뜨고 있습니다. 그러니 발달장애학생들도 우리 동네 마을 학교, 마을 교육과도 연계해 보면 좋겠습니다. 이런 자원은 취업뿐만 아니라 창업과 부업에도 큰 도움이 됩니다. 말씀드렸듯 우리 지역의 가용한 모든 자원 파악해야 합니다.

발달장애학생의 취업은 그만큼 어렵기 때문에 다시 반복합니다. 가능한 도움 받을 수 있는 기관/사람/기업을 무조건 확장해야 합니다.

제가 좋아 하는 말이 있습니다.
"시간이 간다고 미래가 오는 것이 아니다"

맞습니다. 시간이 간다고 미래는 그냥 오는 것이 아닙니다. '졸업만 하면 뭐라도 되겠지?'라는 생각은 오산입니다. 여러분이 바라는대로 혹은 여러분의 막연한 기대는 이루어지지 않습니다. 시기적절하게 딱딱 맞춰 취업이 되면 좋겠지만 현실은 절대 그렇지 않습니다.

그렇다고 현실만 탓할 순 없습니다. 가장 현명한 선택은 '한번에 한 칸씩'입니다. 욕심을 내지 않아야 합니다. 계단은 하나씩 오르는 것이 현명한 선택입니다. 한번에 여러 계단을 올라가려고 하다간 밑으로 떨어질 수 있습니다. 한번에 좋은 직장에 취업하기 보다는 조금씩 경력을 쌓아서 장기적인 플랜에 따라 좋은 직장으로 옮겨야 합니다.

표준사업장에 훈련생으로 입소가 가능하다면 지원합니다. 대신 현실에 안주하지 말고 다음 계단을 목표로 합니다. 하루 4시간 일하는 일반 사업체에 도전합니다. 이렇게 다음 단계, 그 다음 계단으로 이동합니다. 당연히 다음 계단, 다음 사업체는 어디인지 알고 있어야 합니다. 이런 정보를 어디서 누구에게 얻을 수 있는지 알고 있어야 합니다.

불가능할 것 같은 꿈도 포기하지 않는 것이 중요합니다. 계속 도전하다 보면 좋은 인연이 닿아 기회가 올 것입니다. 기회는 누구에게나 옵니다. 하지만 기회를 잡는 사람은 미리 착실히 준비한 사람임을 잊지 않아야 합니다. 취업이 안되면 창업, 창업이 안되면 부업이 있습니다. 하지만 이 모든 기회는 간절한 마음으로 손품과 발품을 판 사람에게 돌아갈 것입니다.

실천 방법을 정리해 보겠습니다.

부모님과 함께 지도를 구매하세요. 그리고 지도를 살펴보며 보물찾기를 시작하세요. 학생의 동료가 되어줄 자원망을 하나하나 추가하며 표시해 보십시오. 서비스업, 생산직, 환경미화, 도서관 등 관련 취업처를 표시해 두세요. 창업이나 부업에 도움 받을 기관도 찾아서 기록해 보십시오. 생각보다 주변에 도움 받을 기관들이 많습니다. 스스로 찾지 않았기에 보이지 않을 뿐입니다. 스스로 손품, 발품을 파는 만큼 취업, 창업, 부업 등의 정보를 얻게 될 것입니다.

저는 확신합니다.

발달장애학생들의 편에 서서 우리를 헌신적으로 도와줄 그런 멋진 동료들이 있습니다. 여러분도 반드시 만나게 될 것입니다. 만화 〈원피스〉의 주인공 루피처럼 멋진 친구들, 훌륭한 자원망을 만들게 될 것입니다. 긍정적인 변화들이 주변에서 일어나고 있음을 저는 느낍니다. 제가 이 책의 부제를 "희망을 업데이트하겠습니다"라고 정한 이유입니다.

적극적으로 나서야 합니다.

주변에 친구, 친척, 이웃 등 모든 사람, 모든 자원을 동원해야 합니다. 그 모든 사람이 바로 보물이고 자원입니다. 부탁해야 합니다. 부탁하세요. 거절을 두려워하지 마세요. 현장실습과 인턴쉽, 아르바이트, 1일 경험이라도 부탁해야 합니다.

거절당하는 것에 익숙해져야 합니다.

내 동료가 되어달라고 말해야 합니다. 그래도 됩니다. 우리는 서로 떨어져 따로 살고 있지 않습니다. 우리는 모두 한 배를 타고 있는 운명 공동체입니다. 이것이 마을학교/마을교육이 뜨고 있는 이유입니다. 우리는 사실 모두 이웃이고 같은 편입니다. 그러니 부탁하는 것을 어려워하지 않아야 합니다.

학교에만 맡겨서는 안 될 일입니다. 장애인고용 공단에만 맡겨서도 안 됩니다. 부모님 혼자서는 더 어렵습니다.

여러 번 말씀드렸듯, 이것은 혼자 해결할 수 없는 사회적 문제입니다. 따라서 사회적으로 풀어야 합니다. 지역사회 공동체가 함께 나서고, 같이 해결책을 찾아야만 합니다. 심지어 해결책을 찾지 못해도 됩니다. 같이 고민하고 대화하는 것만으로도 충분히 가치 있는 것입니다.

/

공부 방법을 묻는 학생들에게 저는 이런 얘기를 자주 합니다.
'시험이란 불확실성을 줄이는 게임이다'

시험에는 확신이 필요합니다. 기출문제를 분석하고, 교수님의 말씀을 필기합니다. 그러면서 우리는 불확실성을 하나씩 줄여갑니다. 시험에 나올 것은 당연하게 알아야 합니다. 나아가 시험에 나오지 않을 것도 알아야 합니다. 반복과 데이터를 통해 불확실성을 더욱 최소화하는 것입니다. 그러면 자기 공부에 대한 '확신'이 생깁니다. 확신이 생기면 중요한 내용만 여러 번 반복해서 볼 수 있습니다. 결국 자연스럽게 성적은 향상하게 됩니다.

취업 준비도 마찬가지입니다.

우리는 불확실성, 불안한 마음을 줄여야 합니다. 그러기 위해서는 역시나 '데이터'가 필요합니다. 어떤 데이터가 필요한가요? 바로 지역사회의 주요 취업처, 고용 정보를 얻기 위한 담당자, 학생의 직업훈련 기관, 직무경험 등이 필요합니다. 지금까지의 모든 노력과 경험의 흔적들이 바로 그 데이터입니다. 여러분이 검색한 정보는 손품, 발로 뛰며 담당자를 만난 경험은 발품이 됩니다. 손품과 발품이 쌓일수록 불확실성을 줄일 수 있습니다.

한마디로 말해 미래에 대한 불안감을 줄이기 위해서는 차근차근 데이터를 모아야 합니다. 전혀 어렵지 않습니다. 그냥 시작하면 됩니다. 일단 시작하면 이미 반 이상 실천한 것이 됩니다. 하루하루 조금씩 손품과 발품으로 데이터를 모으면 됩니다. 나중에 데이터를 추리고 편집하다 보면 가야할 '길'이 보이게 될 겁니다.

/

발달장애학생과 그 가족들은 '장애'라는 이상한 용어, 그 불필요한 딱지표 때문에 주변으로부터 따가운 시선과 차별을 받아왔습니다. 저 역시도 공동체의 일원으로 너무나 미안한 마음입니다. 사회의 한 구성원으로, 우리 사회의 한 시민으로, 지금은 두 아이의 아빠가 되어보니…

장애 학생들과 부모님들이 받았을 그 상처가 너무나 미안하더 군요. 하지만 세상이 조금씩 바뀌고 있음을 느낍니다. 점점 더 우리 편이 늘어나고 있음을 느낍니다.

저도 역시 수없이 거절 당했습니다. 발달장애학생의 취업은 거절 당하는 것이 업무의 절반이었습니다. 하지만 세상은 업데이트 중입니다. 언제든지 연락하라는 분이 있었습니다. 필요하면 전화하라는 분도 있었습니다. 정말로 좋은 분들이 너무나 많았습니다. 그러니 세상 밖으로 나오시길 바랍니다. 더 많은 연결고리를 만들어야 합니다.

손품과 발품으로 더 많은 연결고리를 만드세요. 취업도 좋고, 창업도 좋고, 부업도 좋습니다. 어떤 시도라도 주변에 도움을 구하시기 바랍니다. 능력이 없어도 괜찮습니다. 능력 있는 우리 편을 찾으면 됩니다.

상처를 줬던 못난 사람들은 잊으십시오. 주변에는 못난 사람들보다 매너 있고 멋진 분이 더 많습니다. 필요한 것은 손을 내밀 용기. 거절 당해도 아무렇지 않을 쿨한 마음입니다. 용기 있는 자가 미인을 차지한다고 했습니다. 용기 있는 사람이 귀인을 만나게 됩니다. 여러분의 자녀와 가정에 혁신적인 도움을 사람이 주변에 있습니다. 그러니 손품과 발품에 집중하기 바랍니다.

장애 학생 취업 정보
어디서 찾을까?

가장 기본이 되는 곳. 학생들의 일자리를 찾기 위해 가장 많이 찾는 곳은 바로 '워크투게더 worktogether.or.kr' 입니다. 네이버에서 "워크투게더"라고 검색하면 아래와 같이 접속됩니다.

워크투게더는 장애인들이 취업 정보를 찾는 데 가장 좋은 곳입니다. 일반 성인들은 주로 '워크넷'을 이용합니다. 워크투게더는 장애인 구직자가 필요한 정보를 찾는 사이트입니다. 워크투게더는 장애인 구인 전형을 별도로 필터링해서 검색할 수 있습니다.

제가 사용하고 있는 방법을 구체적으로 안내하겠습니다. 먼저 워크투게더에 접속합니다. 그리고 저의 경우 '간편 우리지사 채용 정보' 게시판을 가장 먼저 살펴봅니다.

워크투게더 > 채용정보 > 간편 우리 지사 채용정보

'간편 우리지사 채용 정보' 게시판에서는 지역별로 빠른 구인 정보를 찾을 수 있습니다. 만약 거주지가 서울이라면 서울 한국장애인고용공단에서 올리는 정보를 볼 수 있습니다. 같은 방법으로 거주지가 부산이라면 한국장애인고용공단 부산지사의 구인정보를 볼 수 있습니다.

간편 우리지사 채용 정보를 가장 먼저 보는 이유는, 많은 경우 생활 근거지가 가장 중요한 고려사항이 되기 때문입니다. 보호자는 장애학생이 기숙사에 거주하는 것을 선호하지 않습니다. 따라서 어쩔 수 없이 가장 먼저 지역 검색을 제1조건으로 필터링합니다. 하지만 반대로도 생각해 보세요. 기숙사에 거주를 할 생각이 있다면, 그만큼 취업 가능한 업체의 수는 늘어납니다. 그러면 취업할 수 있는 가능성이 대폭 늘어납니다.

개인적으로 저는 대기업, 중견기업 이상은 시설 좋은 기숙사도 괜찮다고 생각합니다. 처음에는 걱정이 되겠지만, 사실 취업하고 자취하는 학생들도 많습니다. 자취생활에 들어가는 돈과 위험성 보다는 기숙사에 들어가는 것이 더 안전하고, 돈까지 절약됩니다. 그래서 차량 1시간 내외의 거리는 기숙사도 괜찮은 선택이라고 생각합니다.

다음으로, 워크투게더에서는 클릭 몇 번으로 대구 안에서도 서구, 북구, 남구 등 특정 근무지역을 선택할 수 있습니다.

워크투게더 검색 필터링 설정 - 근무지역 선택

다음으로 장애인에게 특정한 정보만 필터링해서 찾을 수 있습니다. '장애인 우대, 장애인만 채용' 등과 같은 조건을 지정하여 검색할 수 있습니다. 저의 경우 '장애인만 채용'하는 업체만 찾도록 설정합니다. '장애인 병행'의 조건 경우, 일반인들과 함께 경쟁하는 일반 채용을 말하기 때문입니다. 따라서 '장애인 병행'은 체크를 해제하고 검색합니다.

워크투게더 검색 필터링 설정 - 채용구분 선택

경력	☑전체 ☐무관 ☐신입 ☐경력 (개월 ~ 개월)
채용구분	☐장애인 병행채용 ☐장애인우대 ☑장애인만 채용
근로시간단축	☐근로시간단축가능
근무시간	☐오전(06:00~12:00) ☐오후(12:00~18:00) ☐저녁(18:00~24:00) ☐새벽(00:00~06:00) ☐오전~오후 ☐오후~저녁 ☐저녁~새벽 ☐새벽~오전 ☐종일 근무(09:00~18:00) ☐시간협의/무관
교대근무여부	☐2교대 ☐3교대
식사(비)제공	☐1식 ☐2식 ☐3식 ☐중식비지급
병역특례	☐현역병입영대상자 ☐사회복무요원 소집대상인 보충역 ☐전문연구요원
워크투게더 입사지원	☐워크투게더 입사지원 가능

워크투게더에 얼마나 자주 접속해야 할까요?

워크투게더에는 채용뿐만 아니라 직업훈련 프로그램도 수시로 올라옵니다. 그래서 저는 매주 월수금, 주3회 이상 습관적으로 사이트에 접속합니다. 취업을 목표로 하는 발달장애학생이 있다면 워크투게더에 접속하는 것이 일상이고, 일상이 워크투게더에 접속하는 것이 되어야 합니다. 부모님도 워크투게더 사이트에 익숙해질 필요가 있습니다. 재미삼아 습관처럼 사이트에 접속해야 합니다. 예를 들어 매주 수요일, 금요일 저녁식사 후, 드라마를 시청하면서 해도 됩니다.

제가 손품을 강조했었지요?

취업 기회를 잡지 못하더라도 계속해서 이런 구인정보 탐색 습관이 필요합니다. 제가 설명해 드린 '계단식 취업'을 위해서 필요합니다. 간혹 대기업에서 진행하는 괜찮은 직업훈련기회를 잡을 수도 있기 때문입니다. 운이 좋으면 별도의 직업훈련비를 받으면서 고용까지 보장되는 프로그램도 있습니다.

제가 느끼기에는 최근 들어 분위기가 더 좋습니다. 한국장애인고용공단에서는 발달장애인훈련센터, 지역별 사업체, 대기업과 연계하여 고용을 전제로 한 직업훈련 기회를 점점 더 많이 추진하고 있습니다. 담당자에게 전해 듣기론 최근에 직업재활 흐름이 '발달장애' 중심으로 좋은 기회를 많이 만들려고 한다고 합니다. 그러니 자주 손품을 팔면서 호시탐탐 기회를 노려야 합니다.

다음으로, 시군구청 및 교육청 홈페이지입니다.

시청 및 교육청 홈페이지를 잘 살펴보면 채용 게시판을 찾을 수 있습니다. 청년 채용, 장애인 일자리사업 등의 국책 사업이나 지자체 구인정보를 찾을 수 있습니다. 아래는 예시로 대구광역시 시청 홈페이지에 올라온 채용 정보입니다. 생각보다 유용한 채용 정보가 많기 때문에 지자체 및 교육청 홈페이지의 채용 게시판도 주 1회 이상 살펴보도록 습관화해야 합니다.

　　많은 사람이 관심을 가지는 장애인일자리 사업은 보통 11월
초에 공고가 올라옵니다. 각 기관마다 일자리정보가 많은 시기가
다릅니다. 그러니 취업을 생각하는 학생들과 보호자는 2~3년 정
도 이런 구인 정보 사이트에 접속하여 손품을 파는 것이 익숙해져
야 합니다.

　　그리고 장애인일자리 사업은 단점이 있습니다. 기회가 제한적
입니다. 장애인일자리 사업에 한 번 참여한 사람은, 재취업 시 약
간의 감점이 있습니다. 매년 제도가 조금씩 바뀌고 있으니 공고
를 꼼꼼히 읽어보기 바랍니다.

다음으로, 대기업 채용 사이트입니다.

저의 경우 정기적으로 '신세계 채용 job.shinsegae.com' 사이트에 접속합니다. 신세계 그룹의 경우 장애인 스타벅스 바리스타, 이마트 장애인 특별 전형 등의 채용 정보가 올라옵니다. 특히 장애인 특별채용이 따로 있기 때문에 매년 좋은 기회를 찾을 수 있습니다.

- '맥도널드 채용'으로 검색
- '롯데시네마 채용 lottecinema.co.kr'

맥도날드, 롯데시네마 사이트도 자주 접속합니다. 발달장애인들이 취업한 사례가 많기에, 함께 일하는 동료들도 장애 인식이 다른 곳보다는 괜찮은 편입니다.

그밖에 지역마다 **넷, **인 등의 이름으로 지역 구인/구직 사이트가 있는 경우가 있습니다. 지역사회 구인 게시판의 장점은 가장 빠르게 그 지역의 일자리를 찾을 수 있다는 점입니다. 주로 임시직 아르바이트인 경우가 많겠지만, 생활근거지 주변 일자리를 바로 찾을 수 있어 좋습니다.

하지만 지역사회 구인 사이트는 업체에 대한 검증이 어렵습니다. 얼마나 힘든 일인지, 얼마나 위험한지 등을 알기 어렵습니다. 그래서 저는 취업이 가능한 주요 기업에 대한 정보를 아래 그림과 같이 '데이터베이스 파일'에 별로도 만들어 두었습니다. 내가 목표로 하는 회사나 기관들에 대한 정보를 하나의 파일로 정리해 두는 것입니다.

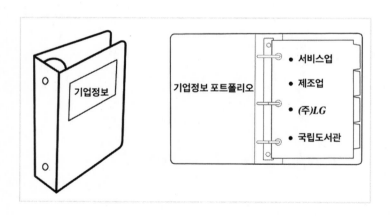

'기업 정보 데이터베이스 파일'에는 학생의 목표로 할 만한 일반 사업체, 표준사업장 등에 관한 정보를 모아 둡니다. 급여, 통근 버스 여부 등 사업체 대한 기본적인 기업 정보를 인쇄해서 넣어 둡니다. 그리고 직접 일하는 분들도 만나 회사에 대한 분위기와 정보를 수집합니다.

급여는 얼마인지? 복지는 어떤지? 휴가는 며칠인지? 근무강도는. 어떤지? 회사 분위기는 또 어떤지? 이런 정보를 모아두는 것입니다. 학생이 목표로 한 그 회사에 들어가지 못하더라도 괜찮습니다. 이러한 과정과 수고로움 그 자체가 하나의 훌륭한 교육입니다. 이것이 바로 '살아있는 리얼의 직업교육'인 것입니다.

구인 정보, 회사에 대한 정보는 자주 보고 접해야 합니다. 그래야 취업과 진로에 대한 고민이 있을 때 현명하게 결정할 수 있습니다.

다음으로 재미있는 숙제가 있습니다.
자녀 혹은 학생들과 꼭 실천해 보시기 바랍니다. 저의 경우 학생과 함께 회사에 문의전화를 해 보는 것을 수업으로 진행합니다. 먼저 학생에게 직접 워크투게더에 접속하여 구인 정보를 찾도록 안내합니다. 다음으로 업체에 직접 전화를 걸어보도록 합니다. 제가 먼저 시범을 보이고 다음에는 학생이 직접 대화해 보도록 합니다. 어렵지 않습니다. 아래와 같이 전화 한 통이면 됩니다.

"안녕하세요. 구인광고 보고 연락드립니다. 지원은 어떻게 하면 될까요? 필요한 서류는 무엇이 있을까요? 혹시 출퇴근 버스는 있을까요? 예, 감사합니다. 수고하세요."

제가 한 번. 학생들이 한 번씩 시도합니다.

물론 당연히 이런 구직 활동은 쉽게 실패합니다.
하지만 이 모든 대화와 시도는 실패 경험이 남습니다. 그리고 이런 경험들이 바로 학생들이 성장할 수 있는 자양분이 됩니다. 실패를 미리 염두에 두고 당당하게 도전해 보는 것입니다. 저는 이 책에서 여러 번 말씀드릴 겁니다. 거절당하기에 익숙해져야 합니다.

김연아 선수도 수천 번을 넘어졌습니다. 김연아 선수는 아름다운 공연을 위해, 수천 번 이상 넘어졌습니다. 손흥민 선수도 마찬가지입니다. 절묘한 궤적의 왼발슛을 위해, 같은 동작을 무수히 반복 훈련했습니다. 수많은 실패를 거친 뒤에야 완벽한 슛이 완성되었습니다.

그러니 항상 실패 끝에 성공이 있습니다. 실패가 먼저이고, 성공은 나중입니다. 넘어져야 더 강하게 일어날 수 있습니다. 마찬가지로 구인 문의 전화를 시도하는 것도 '실패'가 아닙니다. 이것은 하나의 훈련입니다. 거절 당하는 것을 '경험이자 훈련'이라 생각해야 합니다. 그리고 이것은 학생들이 반드시 거쳐가야 할 하나의 과정일 뿐입니다.

대학교 시절 방학만 되면, 저는 항상 아르바이트를 구해야 했습니다. 돈을 벌어야 다음 학기에 학교를 다닐 수 있었습니다. 간절하게 일자리를 찾아야 했습니다. 아침 일어나면 씻고, 식사를 하고, 간단히 이력서를 씁니다. 최소한 아침 8시 전에 모든 준비를 다 마칩니다. 그리고 아침 8시에 30분이면 웹 브라우저 창을 4개 이상 켭니다. 그리고 실시간으로 아르바이트 정보를 찾습니다.

가장 먼저 전화를 걸어야 합니다. 방학에는 남들보다 몇 초만 늦어도 아르바이트 자리가 없습니다. 저 역시도 이렇게 치열하게 경쟁 속에서 살아남았습니다. 저도 마찬가지로 실패가 많았습니다. 단 몇 분 차이로 아르바이트를 놓치기도 했습니다. 힘든 노동과 스트레스가 높았지만 하루 일당은 낮았던 일도 많았습니다. 하지만 간절한 사람들은 이렇게 적극적으로 움직여야 한다고 생각합니다. 간절한 마음이 있다면 스스로 움직인다고 생각합니다.

취업 가능성이 높은 발달장애, 학습장애 학생들이 있습니다. 이런 학생들을 그냥 편하게 두어서는 안 됩니다. 스스로 구인 정보를 찾고 구직활동을 실천해야 합니다. 문의 전화도 해보고 면접도 해봐야 합니다. 그러면서 여러 번의 실패 경험을 쌓아야 합니다. 그것이 진정한 어른으로 거듭나는 방법입니다. 생존 수영과 마찬가지로 생존 경제, 생존 구직활동을 해야 합니다.

"엄마, 갈빗집 식당에선 무슨 일을 하는 거야?
"돈은 얼마나 줄까? 얼마나 힘들까?"
"고기는 실컷 먹을 수 있겠지?"
"아빠, 내가 편의점에 일할 수 있을까?"
"연봉이란 게 뭐야? 휴가는 왜 사람마다 다른 거야?"
"야간 수당은 또 뭐야?"
"선생님, 만약 월급을 안 주면 어떻게 해요?"
"일하다 다치면 어떻게 해야 해요?"
"병원에 가면 돈 못 벌 잖아요?"
"회사에서 짤리면 돈은 어떻게 벌어요?"

우리는 이런 대화를 더 많이 나누어야 합니다.

발달장애학생이 세상에서 살아남는 법을 익히도록 알려주어야 합니다. 그래야 학생 스스로 일어날 수 있습니다.

이것이 정말 살아있는 직업교육의 모습입니다. 발달장애학생은 반복적으로 이런 문답식 대화와 메모(작은 수첩에 필기)를 통해 기본 직업 지식을 쌓아야 합니다. 여기서 **중요한** 포인트는 '반복'입니다.

저의 경우에도 현장실습 주의 사항, 노동관계법, 구인정보 탐색, 면접 훈련 등을 최소 한 학기에 한번씩 하고 있습니다. 최소한 일년에 두번 정도의 반복 교육이 필요하다고 생각합니다.

'운'도 평소에 간절하게 움직인 사람을 만나야 실현될 수 있습니다. 간절함의 크기에 따라 더 좋은 기회를 만나게 될 것입니다.

중요한 건
선택과 집중이다

"바보야 문제는 경제야"

클린턴이 내건 슬로건입니다. 그리고 그는 미국 대통령이 되었습니다. 우리나라에서도 '경제'를 강조한 대통령이 당선 되었죠. 그만큼 경제와 생계 문제는 중요합니다. 그러나 사람들은 겉으로는 '돈'에 집착하는 것은 미덕이 아니라고 말합니다. 맞습니다. 돈의 노예가 되어서는 안됩니다. 하지만 그 누구도 일거리와 경제 문제를 떠나 살수는 없습니다. 우리는 돈과 시간의 주인이 되어야 합니다. 그러기 위해서는 경제 공부가 필요합니다.

지금 발달장애학생에게 가장 필요한 건 무엇인가? 저는 '경제와 금융교육'이라고 생각합니다. 저는 왜 자꾸 경제교육과 경제활동을 강조할까요?

경제교육은 왜 중요한가?

첫째, 경제가 곧 진로입니다.

경제교육과 경제활동은 진로에 대한 고민으로 이어집니다. 경제는 한정된 자원을 분배하는 문제입니다. 다른 말로 표현하자면 바로 '투자'입니다. 마찬가지로 학생들은 공부는 '공짜'가 아니라 '투자'임을 깨달아야 합니다. 그래야 제대로 된 진짜 공부를 시작할 수 있습니다. 누구나 그렇듯 저도 좋아하는 일을 하면서 돈도 벌고 싶었습니다. 이런 합리적인 직업을 꿈꾸었죠. 그러나 저는 합리적인 선택을 제대로 하지 못해 수년간을 방황해야 했습니다. 그리고 결국 스물아홉살이 되어서야 겨우 원하는 직업을 갖게 되었습니다.

경제학이란 쉽게 말하자면 합리적인 선택을 연구하는 학문입니다. 여기에서 합리적인 선택이란 '돈과 금융, 경제'만을 말하는 것이 아닙니다. 긴 시간의 틈으로 보자면 자신의 인생에 관한 '선택'을 포함합니다. 내가 어떤 자격증을 취득해야 가장 효과적으로 취업할 수 있을 것인지? 시간 대비 그 효과를 비교해야 합니다. 내가 어떤 학교에 진학해야 기회비용 대비 합리적인 선택을 하는 것일까? 이런 것들을 생각할 수 있습니다.

그러니 학생들도 경제 교육이 반드시 필요합니다. 원하는 직업을 갖기 위해서는 어려서부터 행동경제학과 기초 경제학에 관한 공부가 필요합니다.

경제 교육은 왜 중요한가?

둘째, 경제는 게임의 룰이기 때문입니다.

저희 부모님은 정말 열심히 사셨습니다.

부모님은 새벽부터 늦은 저녁까지 반지하에서 미싱을 하셨습니다. 부모님은 제가 본 사람들 중에 가장 열심히 사셨습니다. 하지만 부모님은 경제적 자유, 시간적 자유를 누릴 수 없었습니다. 할어버지는 쉬는 날에도 예쁜 손녀, 손자를 보지 못하셨습니다. 명절에도 일하러 나가야만 했습니다. 이유가 무엇일까요? 왜 우리는 모두 열심히 일하고 있는데 갈수록 삶은 팍팍해질까요?

왜 우리는 이렇게 열심히 살고 있는데

시간과 돈의 주인이 되지 못할까요?

바로 게임의 룰을 이해하지 못했기 때문입니다.

자본주의는 '열심히 일하느냐'의 문제보다 몇배나 더 중요한 것이 있습니다. 바로 '전략적으로 어떤 선택을 하느냐'의 문제입니다. 이것이 몇 배나 더 중요합니다. 우리는 현재 글로벌 금융자본주의 시장의 법칙에 따라살고 있습니다. 이것은 마치 중력처럼 한 개인이나 국가가 거스를 수 없는 법칙과 같습니다. 앞으로 4차 산업혁명으로 점점 더 지금 존재하는 직업의 대다수가 사라질 것입니다. 이것이 문제입니다.

아마존은 무인 마켓을 만들고 있습니다. 사람들은 매장에 들어가서 물건을 바구니에 담아 바로 밖으로 나가면 됩니다. 당연히 계산대 직원은 필요하지 않습니다. 자동으로 손님의 계좌에서 물건 값이 차감됩니다. 심지어 앞으로는 이마트 메타버스에서 증강현실로 물건을 구매하면, 온라인 택배로 집으로 배송될 수도 있습니다. 이것은 이미 실험중에 있다고 알고 있습니다.

테슬라는 자율주행차를 만들고 있습니다. 자율주행차는 택시와 버스 기사의 일거리를 위협하게 됩니다. 심지어 테슬라의 세미트럭은 3-4대가 같이 연결되어 기차처럼 움직일 수 있다고 합니다. 미국이나 중국처럼 넓은 땅에서 화물트럭 기사의 인건비는 혁신적으로 줄어들게 됩니다. 맨 앞의 세미트럭 운전사가 운전하는 대로 뒤에 2-3대의 세미트럭이 기차처럼 따라오기 때문입니다. 그럼 나머지 화물트럭 운전기사의 직업은 어떻게 될까요?

주변을 돌아보세요.

무인 톨게이트, 무인 독서실, 무인 카페, 무인 세탁소, 무인 서점, 무인 꽃집이 생기고 있습니다. 점점 더 정규직은 사라지고, 임시직 기간제 자리만 늘어나고 있습니다. 노동소득의 가치는 점점 더 퇴색되고 있습니다. 플랫폼이 돈을 벌고, 사람들은 플랫폼이 노예가 되고 있습니다. 지금도 유튜브는 가만히 앉아 수많은 유튜버들의 노동을 밑거름으로 돈을 벌고 있습니다.

조금은 무섭고 디스토피아적일 수 있겠지만 이는 거부할 수 없습니다. 인터넷과 모바일 시대를 거부할 수 없었던 것처럼, 이는 '중력'처럼 거부할 수 없는 시대적 흐름입니다. 우리는 그에 맞게 대응하면 됩니다.

저도 마음이 아픕니다. 그러나 자본주의는 성실성, 도덕성의 문제 보다 얼마나 자본을 잘 활용하느냐가 중요합니다. 어떻게 나의 시간, 진로, 미래, 자산, 직업을 '전략적으로 잘 선택하는가의 문제'가 더 중요합니다. 한마디로 진로설계에 '전략'과 '선택'이 가장 중요하다는 것입니다.

그럼 전략적으로 잘 선택하려면 무엇이 필요할까요? 전공과 S 학생의 사례를 소개하며 이야기를 시작해 보겠습니다.

4년 전쯤 전공과 2학년에 21살 남학생, S학생이 있었습니다. S군은 제가 만난 학생 중 가장 성실한 학생이었습니다. 어떻게 그 것을 판단하느냐? 그것은 쉽습니다. 저는 아래와 같은 방법으로 학생들을 종종 테스트합니다.

조립 실습 시간입니다.

부품을 조립하고 있는 다수의 학생에게 조용히 다가갑니다. 그리고 무엇을 찾고 있는 액션을 취합니다. 박스 포장용 투명테이 프를 찾고 있는 척 합니다. 대부분의 학생은 멀뚱히 저를 바라보 기만 합니다. 조금 눈치가 있는 학생은 "선생님, 뭐 찾으세요?"라 고 묻습니다.

"음... 테이프가... 없네..."

제 말을 듣고도 대부분의 학생은 가만히 앉아 있습니다. 조금 센스 있는 학생이라면, 눈치껏 테이프를 찾아 저에게 가져다줍니 다. 그럼 S학생은 어땠을까요?

그냥 가져다주는 것이 아닙니다. 총총총 빠른 걸음으로 뛰면 서 테이프를 재빨리 가져다 줍니다. 다른 사람들의 행동이나 의도 를 예측하고 그것에 맞게 미리 움직이는 것입니다. 이것이 바로

'센스'입니다. S학생은 성실함은 물론이고 뛰어난 센스까지 갖추었습니다.

S학생은 학교 안에서 프린터 카트리지 교환 업무도 맡았습니다. 학교가 제법 크고 프린트도 상당히 많았습니다. 하지만 S학생은 업무를 잘 수행하였습니다. 프린터 카트리지는 캐비닛에 모았고 별도 장부로 기록하며 관리했습니다. S학생은 성격도 깔끔해서 늘 캐비닛은 깨끗하게 정돈되어 있었습니다. 언제 어디에서나 일할 때면 가장 적극적으로 움직이는 것은 S학생이었습니다.

다만 아쉬운 것은 S학생은 그 당시 장애 등급이 없었습니다. 지난번 지적장애 진단평가 점수가 조금 높게 나왔습니다. 그래서 판정이 보류가 되면서 장애 등급이 없는 상황이었습니다. 장애등급이 없다 보니 취업 연계가 상당히 힘들었습니다. 한국장애인고용공단에서는 반드시 장애 등급이 있어야 서비스 제공이 가능했습니다. 한마디로 장애인으로 등록된 사람에게만 지원 고용 프로그램이 적용되었습니다.

그러던 중 기회가 왔습니다.
부산 지사과학산업단지에서 일자리를 찾았습니다. TV 셋톱박스와 스마트폰 관련 상품을 유통하는 사업체였습니다. 이곳은 장애인을 따로 모집한 것이 아니었습니다. 일반인을 대상으로 사람을 찾고 있었습니다. 저는 S학생의 성실함을 믿고 담담한 마음으로 연락했습니다. 함께 면접을 보고 현장실습에 들어갔습니다.

다행히 여자 팀장님이 저희를 믿고 일단 시작해보자고 허락해 주었습니다. 장애등급이 없다 보니 당연히 공단의 지원 고용도 없었습니다. 학교 자체 현장실습으로만 진행하게 되었습니다.

일자리를 분석해보니 출근 시간도 제법 걸리고, 땀도 많이 흘리고 몸을 써야 하는 고된 자리였습니다. 하지만 S학생과 저는 그 자리가 탐났습니다. 이곳에 취업하면 좋겠다는 생각이 강하게 들었습니다. 배려심 있는 그 여자 팀장님과 함께라면 참 괜찮은 직장생활이 될 것 같았습니다. 두 달 정도가 더 지나고 조금 더 학생을 살펴보고 싶다는 얘기가 나왔습니다. 우리는 부푼 기대를 하고 한 달 더 현장실습을 연장했습니다.

하지만 S 학생은 최종적으로 취업하지 못했습니다.
팀장님과의 마지막 대화가 저는 너무 아쉬웠습니다.
"S 학생이 참 성실한데, 같이 일하는 분들이…'
'같이 일하는 분들이… 같이 일하는 분들이…'
마지막 말이 제 뇌리에서 메아리쳤습니다.

S학생은 장애인이 아니었습니다. 장애등급도 없었습니다. 그저 특수학교에 재학 중인 것 뿐이었습니다. 하지만 주변의 시선은 달랐습니다. 차라리 학생의 어떤 능력이 부족해서 취업에 탈락했다는 말을 듣고 싶었습니다. 차라리 그랬다면 마음에 응어리는 생기지 않았을 겁니다.

S학생은 성실하고, 센스가 있었습니다. 체력적으로도 뛰어났습니다. 빠르고 정확한 일꾼이었습니다. 아직도 우리 사회 인식이 문제였습니다. 아직도 우리 사회에는 '장애인은 부족한 사람, 나보다 못한 사람'이란 부정적인 평가가 가득합니다. 이런 선입견 때문에 능력 있고 성실한 학생들까지 피해를 보고 있습니다. 이런 잘못된 편견 때문에 자라나는 학생들의 꿈과 희망이 뭉개지고 있습니다.

'선택'을 해야 하는 상황에 왔습니다.

선택은 둘 중 하나였습니다.
인지력이 뛰어난 S 학생을 '장애'라는 회색 딱지를 없애고, 일반 사업체에 취업시킬 것이냐? 아니면 장애 등급을 받아서 장애인 구직자로 경쟁하게 할 것이냐? 많은 고민 끝에 결정을 내렸습니다.

사회적 낙인보다 학생에겐 생계를 위한 취업이 우선이었습니다. 보호자와 함께 최종 장애 등급을 받기로 협의했습니다. S학생은 장애등급이 없더라도 크게 티가 나지 않았습니다. 하지만 우리는 '전략적인 선택'을 하기로 했습니다.

다행히 이내 좋은 기회가 찾아왔습니다. 이번에는 대형마트 양식 식당 일자리였습니다. 돈가스도 튀기고 설거지도 했습니다. 함께 일하는 사람들은 S 학생을 보고 "정말 성실하다. 성격이 깔끔하다"라는 얘기를 많이 했습니다. 장애인공단의 담당자도 S학생의 성실함을 기억하고 있었습니다.

공단 담당자는 지금 맡은 일은 좀 힘든 일이지만, 더 좋은 곳에서 자리가 나오면 연결해주겠다고 했습니다. 하지만 식당 쪽에서는 S 학생이 없으면 안 된다며 '제발 한 달만 더 일해 달라'는 말까지 나왔습니다. 학생도, 부모님도, 저도 흐뭇했습니다. 이제야 학생의 진가를 알아보나 싶었습니다. 그렇게 S학생은 졸업과 동시에 직장을 갖게 되었습니다.

시간이 흐르고
또 다른 '선택'의 시간이 왔습니다.

S학생은 일을 그만두고 잠시 쉬고 있었습니다. 저는 졸업생이었던 S학생에게 연락했습니다. 교육청에서 '교육공무직원'을 모집한다는 공고를 보게 된 것입니다. 사실 졸업생까지 취업 연계를 해주진 않습니다. 하지만 S학생의 가정 상황이 걱정이 되었습니다. 마지막이라 생각하고 한번 더 도움을 주기로 했습니다.

S학생 정도면 충분히 공단에서 좋은 일자리를 또 소개해 줄 것입니다. 하지만 저는 S 학생과 보호자인 할머니를 설득했습니다. 평생 직장을 가지게 될 수도 있으니 한 번 도전해보자고 말이죠. 처음에는 학생도 고민했습니다. 경쟁이 높아 불합격할 가능성도 많았습니다.

공단에서 연결해주는 자리로 편하게 취업을 할 수도 있었습니다. 하지만 몇 달을 투자하더라도 조금 더 좋은 기회를 목표로 하는 것이 현명한 '선택'이라 설득했습니다. 왜냐하면 S학생은 제가 말씀드린 계단을 차근차근 잘 밟아왔기 때문입니다. 취업이나 실습 경력이 어느정도 쌓여있기 때문에 충분히 시간과 돈을 투자해도 되는 것입니다.

물론 교육공무직원 시험은 쉽지 않습니다
인적성 및 직무 적성검사 등 필기시험과 면접시험을 거쳐야 했습니다. S학생의 목표는 시도교육청에서 처음으로 뽑는 '교육공무직원-특수행정실무원(장애)' 전형 자리입니다. 특수행정실무원 TO는 장애인 등급이 있어야 했습니다. 그때 고민 끝에 장애 등급을 받아둔 것이 이렇게 운 좋게 또 다른 기회로 이어진 것입니다. 만약 그때 장애등급을 받지 않았더라면 지금의 기회는 잡지 못했을 겁니다.

S학생은 최종 면접에서 떨어졌습니다.

최종 2차 면접에서 2명을 뽑는데 3등을 한 것입니다. 하지만 포기하지 않았습니다. 다음에 또 기회가 오면 노려보자고 학생과 보호자를 다독였습니다. 학생도 보호자도 실망한 눈치였지만 저는 충분히 의미있는 도전이었다고 위로하였습니다.

반전이 있습니다.

S학생은 지금 교육공무직원으로 일하고 있습니다. 분명 최종 면접에서는 떨어졌습니다. 하지만 합격한 한 명이 취업을 포기했습니다. 그래서 결원이 생기며 최종적으로 S학생이 합격하게 되었습니다. '운도 간절히 노력한 사람에게 찾아 온다'라는 말은 정말 현실이 되었습니다. S학생은 정년이 보장되는 교육공무직으로 지금도 잘 근무하고 있습니다.

앞서 자본주의 사회에서는 '전략'과 '선택'이 중요하다고 말씀
드렸습니다. 이와 관련해서 S학생의 취업 사례를 소개했습니다.
최종적으로 S학생이 합격한 배경은 바로 저와 동료 선생님들이
"선택적인 집중"을 할 수 있었기 때문입니다. 이것이 가장 중요한
포인트입니다.

만약 제가 다른 업무가 많아 시간이 부족했다면 어땠을까요?
저는 S학생에게 연락할 여유가 없었을 겁니다. 제 업무도 바쁜데
어떻게 졸업생까지 신경을 쓸수 있을까요. 현실적으로 어렵습니
다. 남아있는 재학생들도 취업시켜야 하는 데 말이죠. 하지만 주
변 선생님들께서 정말 잘 도와주셨습니다. 제가 생각하는 우선순
위에 공감해주셨습니다. 그리고 적극적으로 밀어주셨습니다. 졸
업하고 갈 곳 없는 아이들이 갈 곳을 찾는데 집중할 수 있도록 배
려해 주셨습니다.

저는 이런 말씀을 드리고 싶습니다.
사람의 능력에는 한계가 있습니다.

문제를 단번에 해결할 수 있는 마법사는 세상 어디에도 없습
니다. 학생도, 교사도, 학교도, 국가도 마찬가지입니다. 5~6개의
일을 한 번에 처리할 수 있는 사람은 존재하지 않습니다. 우리는
눈도 두 개, 손도 두 개 뿐입니다. 사람은 누구나 한계가 있기에

우리는 우선순위를 정해야 합니다. 삶에는 우선순위가 있습니다. 졸업을 앞둔 발달장애학생에게 가장 중요한 우선순위는 무엇일까요?

바로 갈 곳을 찾는 일입니다.

인간의 능력에 한계가 있다면 우리는 우선순위에 따라 행동해야 합니다. 우선순위에 따라 '전략적'으로 해야 할 일을 '선택'해야 합니다. 그리고 이를 위해서 꼭 필요한 것이 있습니다. 바로 생각할 시간입니다. 생각을 정리할 여유가 필요합니다. 하지만 우리는 늘 시간이 부족합니다. 힘든 직장생활로, 고된 노동으로, 가사활동으로 시간이 부족합니다.

하지만 어떻게든 시간을 마련해야 합니다.

바로 생각을 정리하는 '사색의 시간'을 마련해야 합니다. 드라마 보는 시간을 줄이고, 유튜브 시청 시간을 줄여야 합니다. 그리고 전략적으로 자녀의 미래를 위해 고민해야 합니다. 우리의 유한한 능력 앞에 솔직해야 합니다. 시간과 자본의 유한성을 솔직히 마주해야 합니다. 시간은 무한하지 않습니다. 제한된 시간, 제한된 자본 안에서 무엇을 추구해야 할지 선택해야 합니다.

학교 운영위원회 회장이었던 어느 학부모님께서 회의 시간에 하신 말씀이 기억에 남습니다. 여러분도 한 번 그 의미를 되새겨 보면 좋겠습니다.

"최대한 선생님들 일을 좀 줄여주세요. 아이들에게 집중할 수 있게요. 중요하지도 않은데 무의미하게 반복하거나, 굳이 안 해도 되는 일은 없애면 좋겠습니다. 선생님들 업무를 최대한 줄이는 방향으로 갔으면 좋겠습니다"

어떻게 생각하시나요? 저는 매우 훌륭한 인사이트라고 생각합니다. 자본주의 사회에선 '선택'과 '전략'이 중요합니다. 현명한 선택하기 위해서는 우선순위에 집중해야 합니다. 따라서 보여주기식 교내 행사는 최대한 줄여야 합니다. 보여주기 위해 애써 노력하지 않아야 합니다. 인간은 시간도, 능력도 유한하기 때문입니다.

본질적인 문제를 해결하는 데 집중해야 합니다. 가장 필요한 우선순위를 해결하기 위해 인력과 자원을 분배해야 합니다. 단순함이 해결의 시작입니다. 선택하고 집중해야 합니다. 무작정 노동하는 것이 아니라 선택적으로 집중하며 힘과 밸런스, 집중력을 조절해야 합니다.

출근 전 정신 말고 챙길 것은?

"출근 전에는 뭘 챙겨야 하나요?"

바늘구멍 같은 취업 구멍을 뚫었다면 다음 숙제는 무엇일까
요? 회사에 출근하기 전에 무엇을 챙겨야 할까요? 회사 사람들에
게 인사 잘하고, 빨리빨리 움직이고~ 이것은 당연합니다. 그 외
직장생활을 하기 전에 유념해야 할 것을 천천히 살펴보겠습니다.

출근 전 챙겨야 할 것
첫째, 노동관계법 알기

"달팽이집으로 자신을 보호하는 법"
이제 막 직장생활을 시작하는 근로자는 출근 전에는 스스로
를 보호하는 방법을 알아야 합니다. 바로 '노동관계법'입니다.

최저시급, 정근 수당, 근로계약서, 보험, 노사 관계, 직장내 괴롭힘 등에 관한 것입니다. 이것은 당연히 근로자로서 알아야 할 내용입니다. 하지만 실제로 노동관계법을 정확히 아는 사람은 별로 없습니다. 문제가 닥치기 전에는 모릅니다. 문제는 발생하지 않는 것이 최선입니다. 그러니 기본적인 노동관계법은 알고 있어야 합니다.

노동관계법은 근로자를 보호할 수 있는 최소한의 보호막입니다. 하지만 문제가 닥치기 전에는 잘 찾아보지 않습니다. 따분한 법률, 행정용어를 공부를 하다 보면 노곤하게 잠만 옵니다. 노동관계법에 관한 공부는 필수입니다. 정말입니다.

저희 아버지는 오랜동안 경북 가창에서 일하셨습니다.
가창에서 유명한 찐빵 골목에서 수년간 일하셨죠. 새벽부터 일어나 대구에서 가창까지 버스를 타고 출퇴근 하셨습니다. 찐빵 가게는 뜨거운 열기로 무척이나 더운 일자리입니다. 위험하기도 합니다. 불을 다루다 보니 화상을 입을 가능성도 큽니다. 일은 힘드셨지만 아버지께서는 찐빵 가게에서 있었던 일들을 얘기하는 것을 좋아하셨습니다. 아버지가 좋아하시니 우리는 그냥 매번 그렇게 찐빵 얘기를 들어드렸습니다.

변화는 갑자기 찾아왔습니다.

아버지는 일을 그만두게 되셨습니다.

하루아침에 일자리를 빼앗기게 되었습니다. 새로 들여온 '찐빵 기계'에 말이죠. 기존 사장이 나가고 친척이 새로운 사장이 바뀌며 새로운 찐빵 기계가 들어왔습니다. 새로 온 사장은 인건비를 줄이기위해 근로자를 줄였습니다. 그렇게 아버지는 갈 곳을 잃어야 했습니다. 아버지는 어쩔 수 없이 실업 급여를 신청했습니다. 그러면서 기존 사장에게 행정적인 몇 가지 부탁을 했는데 매몰차게 거절당했습니다. 수년간을 일했던 직장에서 말이죠.

이럴 때는 그냥 고용노동부에 도움을 받으면 됩니다.

하지만 아버지는 법률적인 문제보다 사람에게 실망하고 상처를 받았습니다. 그래도 몇십 년을 함께 해온 직장인데. 이런 처우에 마음이 많이 상하신 것입니다. 어떻게 보면 서로 법만 잘 알고 있었다면 마음 상할 일은 없었을겁니다. '회사 사정이 이렇고, 근로사의 사정이 그렇다. 그러나 법률적으로 할 수 있는 부분은 이것이고, 법률적으로 할 수 없는 부분은 이것까지다' 이렇게 명확했다면 서로 좋게 헤어질 수 있었습니다.

근로자를 보호할 수 있는 최소 장치가 노동관계법입니다. '좋은 게 좋은 거야'라는 생각은 사회에선 통하지 않습니다. 계약이란 무서운 것입니다. 그러니 계약 관계를 명확히 이해해야 합니다. 사고가 났을 땐 책임 소재, 보험 처리에 문제가 생깁니다. 부당한 실업이나 부당 처우에 대한 대응법도 알아두어야 합니다. 노동관계법을 모르는 근로자는 총, 칼 없이 전쟁에 나가는 군인이라 할 수 있습니다.

그러니 근로자는 기본적인 노동관계법은 알고 있어야 합니다. 요즘은 유튜브에 좋은 자료를 찾을 수 있습니다. '퇴직금을 못 받았을 때 어떻게? 실업급여 받는 방법은?'처럼 조금만 찾아보면 됩니다. 나에게도 노동관계법이란 무기 있다는 것을 알고 일하는 것과 노예처럼 시키는대로 일하는 것에는 큰 차이가 있습니다.

제가 추천하는 자료는 "발달장애인을 위한 알기 쉬운 노동법"이란 책입니다. 이해하기 쉽게 만들었습니다. '직장에서 일하다 다쳤을 때 어떡하지? 산재보험이란 무엇이지? 주휴수당이란 건 또 뭐야?' 처럼 직장생활과 관련된 용어도 쉽게 잘 설명하고 있습니다. 뿐만 아니라 시각적인 그림, 만화, 쉬운 단어, 큰 폰트 크기, 핵심내용 등으로 아주 잘 편집되었습니다. 무엇보다 무료입니다.

위 자료는 한국장애인고용공단과 고용개발원이 주관하여 제작하였습니다. 전국의 특수학교에 몇 권씩은 보급이 되었을 것입니다. 아래 그림처럼 한국장애인고용공단에서 PDF, 전자책으로도 쉽게 구할 수 있습니다. 해당 웹사이트에는 노동법 외에도 꽤 괜찮은 직업교육 관련 자료가 많으니 꼭 참고하시기 바랍니다.

• 한국장애인고용공단 www.kead.or.kr 〉 장애인지원 〉 장애인 직업영역개발 〉 직업영역개발 자료실

〈발달장애인을 위한 알기 쉬운 노동법〉에는 임금체불, 휴가, 4대 보험 등 주요 개념을 친절하게 풀어서 설명해 줍니다. 그러니 발달장애 및 학습장애 학생들이 공부하기에 아주 적합합니다. 일반 서적이라도 노동관계법 책을 구매하시길 권합니다. 이것이 바로 진짜 자립, 진짜 전환을 위해 필요한 공부입니다.

이렇게 직장생활을 하기 전에 근로계약, 보험, 고용 관계 등에 관해 미리 공부하는 자세가 필요합니다. 특히 발달장애학생들은 반복적인 '환기 학습'이 필요합니다. 한 번 배우고 익힌 내용이라도 일정 시간이 지나면, 다시 배운 내용을 떠올려보는 과정이 꼭 필요합니다. 노동관계법, 성희롱 예방 교육, 인권교육 등은 1년에 2회 정도 교육할 필요가 있습니다. 현장실습생 전에는 별도의 교육이 또 필요합니다. 늘 사고는 '괜찮겠지'라고 방심할 때 찾아옵니다. 그러니 입사 후에도 자주 안전교육을 실시해야 합니다.

다만, 주의사항이 있습니다.

법률적으로 자신을 지켜야 하는 것은 당연합니다. 하지만 조직이란 다양한 사람들과의 관계 속에서 이루어지는 것입니다. 법을 앞세우기 전에 부드럽게 해결하는 지혜가 필요합니다. 상식적이고 원만한 해결이 불가능하다고 판단되면, 그때 법으로 처리해도 늦지 않습니다. 관련 기관에서 충분히 도움을 받을 수 있습니다. 크게 걱정은 하지 않으셔도 됩니다. 무엇보다 중요한 것은 '사전 예방'입니다. 사전 예방을 위해 저는 독서를 권합니다.

/

책은 손에 잡히는
가까운 곳에 있어야 합니다.

요즘에는 발달장애학생을 위한 쉬운 서적들이 많이 출판이 되었습니다. 온라인 서점 알라딘, 예스24에서 '장애, 특수교육, 특수아동, 장애학생' 등으로 검색하면 됩니다. 노동관계법은 물론이고 직장생활,자립생활 준비에 관한 책도 있습니다. 이런 책들은 발달장애학생을 위해 쉽고, 직관적인 일러스트 그림이 포함되었습니다. 문장이나 내용도 학생들을 위해 쉽게 기술되어 있습니다. 1~2년 사이에 좋은 책들이 많이 출간되어 사실 저도 놀랐습니다.

그래서 저는 강력하게 책을 구매하길 권합니다.
내 손에 가까워야 한 글자라도 더 보게 됩니다. 최근 1~2년 동안 저는 경제/경영/재테크/글쓰기/경제교육/재테크/부동산 분야에 많은 책을 읽었습니다. 최소 300권 이상은 읽었는데, 제가 깨달은 바는 '책은 사서 읽는 것'이라는 겁니다. 도서관에서 빌려

보는 책은 쉽게 망각하게 됩니다. 빌린 책은 밑줄긋기나 메모를 할 수 없습니다. 기억의 흔적을 남길 수 없는 것입니다.

그러니 책은 사서 봐야 합니다.

학원에 다닐 비용이면 충분합니다. 100권 X 15,000원 이라고 잡아도 150만 원입니다. 300권이면 450만 원입니다. 책을 300권 정도 읽으면 삶의 안정감을 느낄 수 있습니다. 저는 앞서 반복적으로 발달장애학생의 부모님은 경제공부를 남보다 더 일찍 시작해야 한다고 하였습니다. 학생의 경제적 안정감을 위해서입니다. 학생의 자립생활 훈련, 노동관계법,

직장생활 등에 관한 책을 10권 정도는 구매하길 추천합니다. 부모님께서는 독서법, 경제 기본서, 부동산, 재테크 등의 서적을 최소 30권 정도 구매하길 추천합니다. 장기적으로는 저처럼 300권 이상 구매하여 읽기를 강력하게 권합니다.

제가 '강력하게'라고 표현할 정도로 독서는 우리 가족의 행복과 안전을 위해 중요합니다.

출근 전 챙겨야 할 것.

둘째, 우리 아이 훈남훈녀 만들기

다음으로 강조할 것은 용모 가꾸기입니다.

"일 못 하는 건 괜찮다. 배우면 된다"

"하지만 냄새는 진짜 못 참겠다"

라고 말씀하시는 직원분들을 많이 보았습니다. 이런 고충을 얘기하는 분들이 은근히 많습니다. 옆에서 자꾸 "뽕뽕" 방귀를 뀌어 함께 일하기가 힘들다는 민원도 있습니다. 취업 담당자라면 한 번씩 들어보았을 얘기입니다. 일반적인 위생 및 매너 교육은 필수입니다. 일반인들이 우리 학생들의 진가를 이해하기에는 시간이 필요합니다.

그 전까지는 깔끔한 용모 깨끗한 위생 교육이 필요합니다

집에서나 입을 법한 운동복 차림도 예의가 아닙니다. 그것은 특수학교에서나 허용되던 자유입니다. 취직을 했다면 해당 사업체에 적합한 복장을 갖추어야 합니다. 10살에도 운동복, 15살에도 운동복, 20살에도 운동복. 이것은 일반적인 사회의 인식과 어울리지 않습니다. 성인이 되었다면 그에 맞는 옷도 필요합니다.

심지어 면접을 하러 갈 때에도 운동복 복장으로 오는 학생들도 있었습니다. 이정도로 무심해서는 안됩니다. 상식 이하의 복장은 당연히 면접에서 감점 요인이 됩니다. 사람의 이미지란 외면적인 요인도 크게 작용을 합니다.

우선 학생에게 패션 잡지를 한 권 구해주십시오. 다음으로 말끔한 양복, 정장도 한 벌 마련하면 좋겠습니다. 말끔한 옷은 면접을 위해서도 필요하지만 '이제는 정말 내가 성인이 되었구나'라는 생각이 들게 합니다. 이런 생각이 들면 어른처럼 말하고, 어른처럼 행동하려 합니다. 옷이 사람을 만드는 것입니다. 매일 후드티를 입으면서 나이보다 어려보이는 외모와 행동은, 면접이나 취업에 전혀 도움이 되지 않습니다. 오히려 방해가 됩니다. 패션 잡지를 보면서는 자신에게 어울리는 옷, 헤어 스타일 등 이미지 메이킹 훈련을 할 수 있습니다. 이러한 과정을 통해 어른들의 모습을 모방하며 자라는 것입니다.

실제로 넥타이에 구두, 양복을 말끔하게 차려입은 학생들은 행동이 다릅니다. 조심성 있게 행동하고 어른처럼 행동합니다. 발달장애학생들도 또래와 비슷하게 옷을 맞춰주어야 합니다. 특히 고등학생이나 전공과 재학 중인 학생들은 이제 '성인'이라는 인식이 필요합니다. 부모님께서 관리가 번거롭더라도 학생에게 좀 더 어른스러운 옷은 반드시 필요합니다.

출근 전 챙겨야 할 것
셋째, 센스 있는 아이 만들기

군대에서 가장 강조되는 덕목이 바로 '센스'입니다. 센스 있는 후임은 무서운 선임도 웃게 만듭니다. 직장생활에도 필요한 것이 바로 센스입니다. 그 사람이 센스가 있느냐 없느냐에 따라, 어떤 조직에서든 그 사람의 능력과 가치를 인정받게 됩니다. 그래서 성실, 인내, 체력과 더불어 제가 직업 훈련에서 가장 강조하는 것도 바로 '센스'입니다. 그런데 센스란 건 정확히 무엇일까요?

사전에서 센스(sens)란 '어떤 사물이나 현상에 대한 감각이나 판단력'이라고 정의하고 있습니다. 센스란 쉽게 말해 상대방의 생각, 감정, 움직임 등을 사전에 파악하고 이에 상응하여 미리 움직이는 것을 말합니다.

예를 들어 보겠습니다. 호프집에서 일하는 아르바이트생이 있습니다. 센스 있는 아르바이트생은 사장님이 말하기도 전에 눈치껏 미리 청소합니다. 손님의 몸짓, 눈빛만 봐도 필요한 물건을 가져다 줍니다. 그리고 그날그날 사장님의 기분을 감지합니다. 사장님의 감정 상태에 따라 할 말, 안 할 말을 가려 합니다.

그럼 사장님 입장에서 이런 센스 있는 직원이 어떻게 보일까요? 센스 있는 직원은 가게가 물 흐르듯이 잘 돌아가게 만듭니다. 굳이 말하지 않아도, 시키지 않아도 알아서 빠릿빠릿하게 움직이는 직원이 예뻐 보이지 않을까요? 그러니 우리도 발달장애학생들에게 센스 있는 감각을 지도해야 합니다. 다음 상황이 어떻게 진행될 것인지 예측할 수 있어야 합니다. 상대방의 기분을 파악할 수 있게 만들어야 합니다. 눈치껏 움직이는 능력도 필요합니다.

그럼 우리는 어떻게 센스를 익힐 수 있을까요?

센스란 것은 교과서, 이론 공부로는 배울 수 없습니다. 센스는 몸으로 익히는 것입니다. 그래서 제가 집안 일 돕기를 강조하는 것입니다. 저는 교내 카페에서 바리스타로 일하는 학생들에게 센스를 강조합니다. 매일 반복적으로 커피만 만들지 않도록 합니다. 주변 선생님들에게 '센스 있게' 공짜 커피도 한 잔씩 주도록 합니다. 그러면서 선의의 거짓말을 하도록 훈련합니다.

"선생님, 옷이 예쁘시네요"
"선생님, 잘생겨서 한 잔 공짜로 드려요"

다음으로 당연히 '센스 있는 행동'이란 무엇인지도 교육합니다. 스포츠 활동 후 말하지 않아도 운동 용품을 정리하는 학생을 친구들 앞에서 크게 칭찬합니다.

말하지 않아도 알아서 척척척 청소용품을 가져오거나, 말하지 않아도 알아서 척척척 정리정돈하는 학생을 마찬가지로 친구들 앞에서 크게 칭찬합니다. 그리고 이러한 모든 행동들이 바로 '센스 있는 행동'임을 알려 줍니다. 그리고 센스 있는 사람이 사회에서는 사랑받고 인정받는다고 알려 줍니다.

저도 센스가 넘치진 않습니다.
사실 저는 굉장히 무심한 편입니다. 하지만 일머리는 있습니다. 수많은 아르바이트의 경험 덕분입니다. 감정적이든, 일처리를 하든 어쨌든 '센스 키우기'는 아주 중요한 교육 훈련이라 생각합니다.

/

출근 전 챙겨야 할 것
넷째, 배려심과 예쁜 말씨

특수교사가 소외감을 느껴보고 싶다면 특수학급에서 근무하면 됩니다. 특수학급에서의 특수교사는 조용히 혼자 업무를 처리하는 경우가 많습니다. 외로운 섬, 그런 무인도 같은 존재가 특수학급의 특수교사입니다. 혼자서 외로움을 느낄 때 가끔 그런 저를 위로해 주는 분이 있었습니다. 바로 교무실에서 함께 생활하던 K교감 선생님입니다.

교감 선생님께서는 자주 하시던 말씀이 있습니다.
"고맙다. 안쌤 덕분이다. 우리 학교 보물이지"

물론 제가 정말 보물이라서가 아닙니다.
교감 선생님께서는 "누구누구 덕분이다"라는 말을 자주 하셨습니다. 본인은 낮추고 상대방을 올리는 것입니다. 이런 말을 들으니 더 열심히 하려는 마음이 생깁니다. 이렇게 좋은 말씨를 사용하시던 교감 선생님 주변에는 늘 사람들이 가득했습니다.

훌륭하고 좋은 언행은 교감 선생님의 하나의 '무형 자산'인 셈입니다. 말 한마디에 이렇게 힘이 있는 것입니다. 그래서 저도 교감 선생님처럼 "고맙습니다. 덕분입니다. 미안합니다"라는 말을 습관처럼 사용하려고 노력하고 있습니다.

발달장애학생들도 마찬가지입니다. "감사합니다, 고맙습니다, 덕분입니다" 이런 좋은 언어 사용도 습관화해야 합니다. 언어는 사회적 소통의 도구이기 때문입니다. 요리사가 칼을 잘 관리하고 다루어야 하듯이. 사회인은 말씨를 잘 관리하고 다루어야 합니다. 두 가지 모두 매우 중요한 도구이기 때문입니다.

사랑은 주는 만큼 돌아온다.

교직 생활 그거 별거 없다. 일은 그냥 하면 된다.
문제는 사람이지. 문제는 사람 관계지.

제가 멘토로 삼고 있는 선배 교사의 말입니다. 지금까지도 그
말에 고개를 끄덕이게 됩니다. 아무리 일이 힘들어도 직장 생활
은 '분위기'입니다. 분위기가 중요합니다. 주변에서 함께 하자는
분위기만 있으면 힘든 일도 쉬워집니다. 반대로 분위기가 뒤숭숭
하면 쉬운 일도 힘들어 집니다. 그래서 직장생활 분위기가 중요합
니다.

아무리 쉬운 일이라도 옆에서 스트레스 주면 힘들어집니다.
자꾸 잔소리하고, 따돌리는 분위기는 못 견딥니다. 그 자리가 아
무리 편하고 좋더라도 말입니다. 그러니 직장생활을 오래 유지하
기 위해서는 꼭 '사람들과 분위기 좋게 어울리는 방법'을 알아야
합니다.

"잘 먹겠습니다" 이 말 한마디를 할 수 있는 것.

이런 센스는 고용유지와 관련이 깊습니다. 퇴근 시간에도 바로 일자리를 뜨지 않고, 자기 주변을 간단히 정리하고 떠나는 것이 필요합니다. 일이 끝나면 "수고하셨습니다"라고 말하며 인사를 나누는 행동이 필요합니다. 이 모든 매너를 우리는 취업 전에 발달장애학생들에게 알려주고 훈련해야 합니다.

취업한 학생들에게 꼭 시키는 일이 있습니다.

첫 월급을 타면 꼭 부모님께 반 이상 드리라고 합니다. 다음으로 가족과 회식 자리에서 크게 한턱을 내라고 합니다. 사람이라면 그동한 받은 부모님의 은혜에 보답할 줄 알아야 하기 때문입니다. 저는 이것이 교육이라 생각합니다. 같은 이유로 첫 월급을 타면 회사 동료들에게 캔커피를 사서 돌리도록 합니다. 같이 고생하고 같이 이루어가는 직장 생활이기 때문입니다. 작은 간식이라도 반드시 회사 동료들을 챙기는 것을 잊지 않도록 교육합니다.

사랑은 주는 만큼 돌아오게 되어있기 때문입니다.

경쟁에서
당당해지는 비결은?

아이폰을 처음 봤을 때를 기억하시나요?
아이폰에 열광했던 때를 기억하시나요?

아이폰이 처음 세상에 등장했을 때 사람들은 놀랐습니다. 그
리고 감동했습니다. 추억의 감성 아이템, 소니의 워크맨은 음악
과 우리를 연결했습니다. 아이폰은 음악뿐만 아니라 인터넷과 전
세계 사람들을 연결했습니다.

아이폰이 등장하며 모바일혁명이 일어났습니다. 우리의 삶은 아이폰과 함께했습니다. 심지어 사람들은 아이폰을 위한 삶을 살기도 했습니다. 사람들은 인스타그램과 페이스북에 사진을 올리기 위해 맛집을 방문하기도 했습니다. 맛있는 음식을 먹기 위함이 아니라 멋진 사진을 올리기 위해서 말이죠.

사람들은 아이폰을 손에서 놓지 못했습다.

한 손에 쥐어지는 그 곡선은 예쁘고 아름다웠습니다. 브랜드가 주는 감동은 대단했습니다. '애플빠'라는 말이 나올 정도로 전 세계적으로 애플 마니아층이 생겼습니다. 충성도 높은 마니아층은 새로운 모델의 아이폰을 구매하기 위해 줄을 서서 기다렸습니다. 심지어 발매 며칠 전부터 밤을 새우며 기다리기도 했습니다.

아이폰은 전략적으로 이미지를 팔았습니다.

아이폰 광고는 특별했습니다. 남다른 광고 전략을 취했습니다. 이들은 성능을 강조하지 않았습니다. 성능은 삼성 제품이 앞서기도 했습니다. 맞습니다. 아이폰은 이미지를 팔았습니다. 그리고 작전은 성공했습니다. 아이폰 성공을 시작으로 애플은 현재 나스닥 시가총액 1위에 가장 부자 기업이 되었습니다. 그만큼 애플은 아이폰을 잘 디자인했습니다. 여기에서 디자인이란 외형적인 모양만을 말하지 않습니다. 아이폰은 색깔, 모양, 무게, 길이 등이 아주 예쁘게 설계되었습니다. 하지만 더 중요한 것이 있습니다.

바로 '이미지 디자인 Image design'입니다.

애플은 감각적으로 홍보했습니다.

당시 대부분의 IT 제품 광고는 속도나 용량, 화면 크기 등을 강조했습니다. 하지만 애플은 하드웨어가 아니라 '감성'을 어필했습니다. '다른 세계와 소통의 채널'로서 아이폰을 강조했습니다. 아이폰에 자신만의 예쁜 추억을 담도록 광고했습니다. 예쁜 추억을 사람들과 공유하게 하는 도구로서 아이폰을 홍보했습니다. 그것은 성공적인 전략이었습니다.

그럼 우리는 어떻게해야 할까요?
발달장애학생들도 감성적으로 디자인할 수 있을까요?
어떻게 해야 아이폰 같은 이미지를 형성하게 할 수 있을까요?

어떻게 해야 기업과 면접관의 마음을 사로잡을 수 있을까요?
어떻게 해야 경쟁에게 우위를 점할 수 있을까요?
저는 두 가지 방법을 추천하겠습니다.

경쟁에서 당당해지는 노하우

Step 1. 포트폴리오를 만들기

집을 지을 땐, 기초가 튼튼해야 합니다.

튼튼한 기초를 위해 필요한 건 무엇일까요? 바로 꼼꼼하게 잘 작성된 '설계도'입니다. 그렇다면 발달장애학생의 기본기, 그 튼튼한 기초를 쌓기 위해서 어떻게 해야 할까요? 역시나 설계도가 필요합니다. 여기서 설계도의 역할을 하는 것이 바로 '포트폴리오'입니다.

"포트폴리오 portfolio"란 무엇일까요?

포트폴리오란 나에 관한 데이터베이스를 말합니다.

즉 나에 관한 경력, 사진, 자격증 등을 나만의 스토리를 한곳에 모아둔 하나의 자료집을 말합니다. 학생의 진로와 관련된 핵심 데이터를 한 곳으로 종합한 것이 쉽게 말해 포트폴리오입니다.

구체적으로 포트폴리오에는 무엇을 넣어야 할까요?

이력서와 자기소개서, 자격증, 교육훈련 이수증, 졸업증, 상장, 장애인증 사본, 활동 사진 등입니다.

포트폴리오는 어떻게 만들어야 할까요?

　A4 바인더나 파일철을 이용합니다. 진로와 관련된 자료를 모아 스크랩합니다. 가능하면 앞쪽에는 이력서, 자기소개서, 장애인 등록증 사본, 자격증 사본, 상장 사본을 넣어 둡니다. 이렇게 포트폴리오가 준비되면 취업 자리가 날 때마다 바로바로 서류 제출이 가능합니다. 그러면 준비 시간이 줄어들고 최대한 많은 곳에 이력서 제출이 가능합니다. 그러니까 최소한의 노력으로 최대한의 효과를 얻는 것입니다.

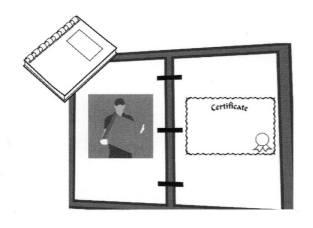

설계도가 되어줄 포트폴리오

훌륭한 포트폴리오는 어떻게 만들 수 있을까요?

포트폴리오에 비주얼을 더하세요.

현장실습, 취업 경력, 직업훈련 등 학생의 다양한 활동 사진을 담아두는 것입니다. 예를 들어 카페로 취업을 준비하는 학생이라면 직접 바리스타 기계를 다루는 모습을 사진으로 담습니다. 내가 만든 카페 라테의 사진, 자격증을 공부하는 모습, 지인의 가게에서 실습해보는 모습 등을 추가할 수 있겠죠. 만약 서비스업을 준비하는 학생이라면 또 그와 관련한 사진을 모아 갑니다. 취업특강이나 면접훈련에 참여하는 모습 등 다양한 직업훈련 참여하는 사진을 첨부합니다. 이렇게 시각적인 사진 자료를 담아두는 것입니다.

시각적인 포트폴리오는
그것 자체가 바로 하나의 '스토리 story'가 됩니다.

스토리텔링으로서 이력서와 자기소개서의 역할을 하는 것입니다. 이력서와 자기소개서는 아무리 잘 작성해도 그저 글자 불과합니다. 즉, 텍스트일 뿐입니다. 텍스트에 모든 것을 담을 수 없습니다. 우리는 문자와 숫자로 무엇인가를 완전히 표현할 수 없습니다. 어떤 개념을 설명하려 해도 그것을 온전히 담아낼 수 없습니다. 그 대상이 사람이라도 마찬가지입니다. 하지만 시각적인 사진으로 더한다면 친절한 부가 설명이 될 수 있습니다.

그간 제가 만나 온 많은 인사담당자나 대표님들은 발달장애학생에 관해 잘 알지 못했습니다. 우리 학생들의 능력 범위를 가늠하지 못했습니다. 어떤 일을 할 수 있는지, 어떤 일을 맡겨야 하는지 모르는 것입니다. 어떤 일을 시킬 수 있을지 모르니까, 당연히 채용도 어렵습니다. 일반인들은 다양한 장애학생을 만나보지 못했으니 어찌보면 당연한 결과입니다.

그러니 우리 쪽에서 알려 주어야 합니다.
우리 학생들이 무엇을 할 수 있는지 알려주는 것입니다. 그것이 시각적인 포트폴리오의 강점입니다. 저는 취업에 도전하는 친구들은 무조건 포트폴리오를 만들도록 지도합니다. 그리고 학생들이 면접을 갈 때, 반드시 개인 포트폴리오를 지참하도록 지도합니다. 업체 담당자가 학생의 포트폴리오를 보자고 하진 않습니다. 하지만 그렇다고 가능성이 아예 없는 것도 아니죠. 학생 스스로가 포트폴리오를 챙겨가서 자신의 간절함을 어필할 수도 있습니다. 정성껏 잘 정리된 포트폴리오를 보게 된다면 채용에 긍정적인 영향을 줄 수도 있습니다.

포트폴리오는 적금입니다.

처음에는 효과를 알 수 없습니다. 하지만 복리 이자의 마법처럼 진로 경험들이 누적됩니다. 그러다 나중에는 눈덩이가 커지듯 큰 자산이 될 것입니다. 포트폴리오는 취업 적금통장처럼 그간의 활동들을 확인하며 뿌듯함도 느낄 수 있습니다. 이것이 매우 중요합니다. 그 통장 안에서(포트폴리오에서) 노력한 흔적들을 확인할 수 있습니다.

포트폴리오 안에 자격증과 활동사진을 보며 학생은 자기만족감을 느끼게 될 것입니다. 자기만족감은 곧 자신감으로 이어지게 될 것입니다. 자신감은 학생의 면접에 큰 효과를 발휘하게 됩니다. 아무리 능력 있는 학생들도 면접에서 자신감이 없으면 합격이 불가능합니다. 따라서 포트폴리오는 나만의 무형 자산이라 할 수 있습니다.

포트폴리오의 효과는 여기서 끝이 아닙니다.

포트폴리오는 하나의 면접용 교재가 됩니다. 학생들은 언제든지 포트폴리오를 보며 면접을 대비할 수 있습니다. 자기소개, 나의 장단점, 나의 경력 등 면접 질문에 대한 모든 답변 내용이 이미 포트폴리오 안에 있습니다. 이것이 바로 살아있는 나만의 교과서입니다. 부모님이나 선생님이 대신 써준 이력서와 자기소개서는 잘 외워지지 않습니다. 남이 쓴 글이기 때문입니다.

그래서 저는 학생들과 면접을 준비할 땐 포트폴리오를 참고하게 합니다. 학생들에게 과거 노력의 흔적들을 확인하게 합니다. 그리고 열심히 노력했던 흔적들을 칭찬해 줍니다.

"이야~ 소민아! 진짜 멋지네. 태권도 자격증도 있네?"
"예..... 고등학교 때..... 다녔어요"
"우아! 이건 또 뭐고? 여행도 갔었나?"
"이건.... 아빠랑.... 봉사했던 사진이에요"
"자원봉사? (손뼉 치며) 오~~! 대단하다"
"면접에서 본인의 장점 묻는 말 나오면 이거 활용해 보자"
"예!"

면접장에 들어가면 학생들은 얼음이 됩니다.

발달장애학생들은 유독 많이 긴장합니다. 일 잘하는 학생도 마찬가지입니다. 익숙하지 않던 외부인들에게 처음으로 평가를 받아보기 때문입니다. 최고로 뛰어난 일꾼이라 생각했던 S학생도 면접에서 꽁꽁 얼어 얼음이 되어버렸습니다. 자신의 능력을 있는 그대로 설명하지 못했습니다. 그러니 면접시험에서 자신의 능력보다 현저히 낮게 평가를 받게 되었습니다.

이럴 때 포트폴리오를 이용하면 됩니다. 포트폴리오를 보며 과거와 현재를 돌아보게 하면 됩니다. 최근 면접 문제의 흐름을 살펴보면 많은 경우, 이력서나 자기소개서에서 작성했던 내용을 중심으로 출제가 되고 있습니다. 포트폴리오, 어떻게 보면 너무나 단순한 방법이죠. 하지만 단순함도 어떻게 활용하느냐에 따라 결과는 다릅니다. 진리는 늘 가까이 있습니다. 우리는 그것을 잊지 않아야 합니다. 늘 기본에서 출발해야 합니다.

/

경쟁에서 당당해지는 노하우
Step 2. 전략적인 퍼스널 블랜딩

저는 7년간 연극을 만들었습니다.

매년 공연을 무대에 올렸습니다. 직접 대본을 작성하고, 무대 배경을 디자인했습니다. 교사와 학생들의 연기를 지도했습니다. 학생극단과 교사극단 공연을 함께 올리기도 했습니다. 제가 연출을 할 때 신중하게 고려하는 것이 바로 '배우들의 이미지'입니다.

의도한 '메시지'를 관객에게 잘 전달하기 위해서는 '공감'이 필요합니다. 관객의 공감을 끌어내야 합니다. 관객이 주인공에 몰입해야 합니다. 주인공과 동화되어야 합니다. 이를 위해 주인공의 이미지를 잘 구상해야 합니다. 여러모로 나와 비슷한 느낌을 주어야 합니다. 그러면서 어딘가 아직은 미숙하고 친근한 이미지가 필요합니다. 다가가고 싶은 호감형의 이미지도 필요합니다. 따라서 어딘가 숨겨진 배우의 '순수한 아름다움'을 발현시켜 주어야 합니다.

주인공의 '호감형 이미지'를 연출하기 위해 저는 몇 가지 장치를 활용합니다. 표정과 대사, 의상은 물론이고 잔잔한 무대 조명과 예쁜 선율의 노래를 더합니다. 그러면 주인공의 매력은 배가 됩니다. 이렇게 관객들이 주인공의 아름다움에 매료되어야 합니다. 그래야 제가 원했던 '메시지'에 편승하게 됩니다. 이제 관객들은 철저하게 주인공의 '편'이 되어 주인공을 응원합니다. 생각의 전환점을 갖게 되면서 제가 의도한 메시지에 동화되는 것입니다.

주인공처럼 아름답게 연출해야 합니다. 발달장애학생들도 마찬가지입니다. 전략적인 이미지 디자인이 필요합니다. 그 중심에 역시나 포트폴리오가 있습니다. 포트폴리오에 긍정적인 이미지를 담아야 합니다. 아름답고, 기특하고, 성실하고, 호감형의 이미지를 어필해야 합니다.

사람은 기계가 아닙니다. 인간은 이성적이지만 동시에 감성적이기도 합니다. 합리적인 판단을 중요하게 생각하지만 마음을 울리는 스토리에 감정이 흔들리기도 합니다. 따라서 우리는 감성적

영역을 잘 활용해야 합니다. 아이폰처럼, 무대 위의 주인공처럼 학생들을 아름답게 연출하고 디자인해야 합니다.

구체적인 방법은 이렇습니다.

포트폴리오에 '나만의 스토리 story'를 담는 것입니다. 기본적으로 포트폴리오에 이력서, 자소서, 사진 등을 넣습니다. 이러한 기본에 나만의 스토리로 더해 '이미지 연출'하면 됩니다. 이것이 바로 '개인 브랜딩'입니다. 최근에는 '퍼스널 브랜딩'으로 불리는 책들도 많이 출간되고 있으니 참고하시면 되겠습니다. 다음으로 포트폴리오를 '딱딱한 파일철에 모으는 자료집의 형태'라서 상식에서 벗어나면 좋겠습니다. 포트폴리오가 꼭 손으로 만질 수 있는 구체물일 필요는 없습니다. 그것은 유튜브 영상이 될 수도 있습니다. 형태를 벗어나야 표현 방법이 확장됩니다.

수년 전, 어느 사업체 대표님의 사례입니다. 대표님이 어느 발달장애학생의 어머님께 크게 감동했다고 합니다. 어머니는 자녀가 사회에서 제 역할을 하며 사는 게 소원이라고 하십니다. 그러면서 학생의 이력서를 보내왔다고 합니다. 그런데 이력서가 좀 특이했다고 합니다. 바로 이력서가 종이 형태가 아니라 영상이었다고 합니다.

지금이야 영상 편집이나 유튜브가 흔하지만, 그때는 그렇지 않았습니다. 그런데도 그 어머니께서는 익숙하지 않은 솜씨로,

잘 나온 사진을 하나하나 고르고, 어설프고 힘겹게 영상을 제작한 것입니다. 모자란 실력이라도 정성이 가득한 자녀의 포트폴리오 영상을 직접 만든 것입니다. 젊은 학생들이야 한 시간이면 뚝딱 만들 영상입니다. 하지만 그 어머니는 아마 10배의 시간은 더들였을 겁니다. 그런 노력과 스토리에는 감동이 있습니다. 그래서 그 사업체 대표님의 마음을 흔들었습니다. 결국 학생은 그 업체에서 일하게 되었습니다.

간절함의 크기가 다른 사람은
남들과 다르게 움직이는 것입니다.

만약 여러분이 사업체 대표라면 어떨까요? 학생이 그간 받은 교육, 직업훈련, 자격증, 자원봉사 등의 흔적들을 본다면 말입니다. 잔잔한 노래와 아름다운 영상미를 녹여낸 감동적인 영상 포트폴리오는 어떨까요? 한 번쯤은 그 영상에 빠져들지 않을까요? 감동하지 않을까요?

채용시즌이 오면 채용담당자가 봐야 할 이력서와 자소서가 산더미입니다. 담당자에게는 어마어마한 양을 보고 검토하는 따분하고 힘든 숙제입니다. 이때 남들의 눈을 끄는 혹은 감동적인 영상은 꽤 괜찮은 전략이 될 것입니다. 이 영상 자체가 바로 이력서이자 자기소개서의 역할을 하게 됩니다

영상 포트폴리오는 발달장애학생에 대한 이해의 갭(gap)을 줄일 수 있습니다. 채용 담당자는 학생의 능력을 영상을 통해 확인할 수 있습니다. 어떻게 보면 글보다 더 객관적인 자료가 됩니다.

자폐성 장애학생도 회사 내 택배도 배송도 할 수 있구나.
지적장애인데 패스트푸드점에서 일해 본 경험이 있구나.

이런 식으로 말이죠. 문서 형태의 이력서만 가진 학생과 영상과 스토리까지 포트폴리오에 담은 학생은 분명 차이가 있습니다. 그 약간의 차이점이 바로 '차별화 전략'입니다. 최선을 다하는 사람들은 차별화 된 '한 끗'을 준비합니다.

'한 끗 차이' 이것이 바로 경쟁에서 당당해지는 비결입니다. '한 끗 차이'를 가볍게 생각하는 사람들이 있습니다. 그것을 귀찮게 여기는 사람들이 있습니다. 그저 편하게만 살고 싶다면 한 끗 차이는 무의미합니다. 하지만 어떤 사람은 그 한 끗을 만들어내기 위해 간절하게 준비합니다. 어떤 사람은 그 한 끗 차이에 자신을 갈아넣습니다. 그 결말이 어떨지는 여러분도 충분히 예상하리라 생각합니다.

포트폴리오 영상 제작은 어렵지 않습니다.

디지털 형태의 사진과 영상을 꾸준히 모으시면 됩니다. 다음으로 괜찮은 사진, 영상을 선별해야 합니다. 사진과 영상을 편집하는데 가장 많은 시간이 소요되는 것이 바로 양질의 콘텐츠를 고르는 일입니다. 그러니 잘 나온 사진, 영상만을 별도로 옮겨두면 편집 시간이 대폭으로 줄어듭니다.

마지막으로 영상은 주제에 적합해야 합니다. 단순한 여행 사진은 사용 가치가 낮습니다. 서비스업에 취업하려면 그와 관련된 사진과 영상이 필요합니다. 해당 직업군과 조금이라도 연관된 스토리를 담아야 합니다. 자격증, 직업 훈련 사진, 집에서 분리수거하는 모습, 취미 등 모든 자료가 취업과 직간접으로 관련된 자료가 가장 좋습니다.

사진만 모이면 영상만들기는 쉽습니다. 스마트폰으로도 충분히 괜찮은 영상을 제작할 수 있습니다. 요즘에는 초등학생들도 유튜버를 하기 때문에 주변에 찾아보면 영상을 편집할 친구들은 많습니다. 아니면 크몽 등의 사이트에서 저렴하게 영상제작을 의뢰할 수 있으니 참고하기 바랍니다. 지금 바로 여러분의 스토리를 만들어 보십시오.

상대의 마음을
훔쳐야 한다

말씀드렸듯 저는 학생들과 연극을 했습니다.

대본을 쓰고 뚝딱뚝딱 무대를 제작했습니다. 무대 위를 함께 걷고 대사를 암송했습니다. 발성훈련을 하고 대사 전달을 위해 매일매일 훈련했습니다. 노래에 맞춰 연기 연습을 했습니다. 스타렉스에 소품과 의상을 싣고 이곳저곳으로 공연하러 다녔습니다. 공연 홍보를 위해 풍선을 만들고 길거리에서 팜플렛을 돌렸습니다. 다른 친구들은 학원에 다닐 시간에 우리는 연극이란 쓸데없는 짓을 하고 있었습니다. 남들이 보기엔 그랬을 겁니다. 하지만 우리는 연극을 사랑했고, 연극에 빠졌습니다.

우리는 왜 연극에 매료 되었을까요?

흔히 연극을 종합예술이라고 합니다.

맞는 말입니다. 제가 생각하는 연극은 철학입니다. 연극은 철학적 메시지를 담고 있습니다. 동시에 연극은 자기 성찰적인 삶의 대화입니다. 유럽에서는 지금도 연극 활동이 학교 교육에 큰 영향을 주고 있습니다. 어느 학교에서는 학급별로 한 학기에 한 번씩 무대에 공연을 올리기도 합니다.

우리 나라 사람들이 보기엔 의아합니다.
"연극을 할 시간이 어디 있지? 공부할 시간도 없는데"
"연극? 그런 거 할 시간에. 수학 한 문제라도 더 풀지"

물론 일반인들도 예술 활동을 중요성을 인식하고 있습니다. 그러나 막상 내 아이가 학원 갈 시간에 연극을 한다고 하면 걱정이 앞섭니다. 저러다 성적 떨어지면 어떻하나? 좋은 대학에 가려면 아무래도 연극보다 공부하는 것이 좋겠지… 하는 생각이 듭니다.
한국 특유의 '빨리빨리' 문화 때문입니다.
한국인의 문화는 빠르고, 가성비 있는 시스템을 선호합니다. 식당에 가면 빨리빨리 음식이 나와야 합니다. 학원에 다니면 빨리빨리 성적이 올라야 합니다. 학생들은 빨리빨리 취업해야 합니다. 취업을 하면 빨리빨리 아이를 가져야 합니다. 빨리빨리 내 집을 사야 합니다. 이렇게 빨리빨리 살아야 '행복'이고 '성공'이라 생각합니다.

하지만 세상이 바뀌고 있습니다.

매번 같은 모양의 대량 생산품은 가치를 잃어가고 있습니다. 게임의 룰이 바뀌고 있습니다. '빨리빨리'가 주는 가치는 점점 더 퇴색되고 있습니다. 빨리빨리가 성공과 행복을 보장해주는 시대는 사라지고 있는 것입니다. 이제는 빨리빨리가 아니라 '창의력'이 중요해지는 시대가 오고 있습니다.

기업에는 스마트 자동화 공장이 도입되고 있습니다. 인공지능이 급격히 발전하며 의사, 변호사, 교사, 은행원 등 전문 직종도 위기를 맞게 될 것입니다. 미래에는 존재하지도 않을 직업을 위해 불필요한 빨리빨리 경쟁에서 벗어나야 합니다. 빨리 가야 한다고해서 달렸는데,다다른 곳이 막다른 골목일 수 있습니다.

유럽과 선진국에서 연극, 뮤지컬, 음악 등 예술교육을 강조합니다. 단순히 국가에 돈이 많기 때문이 아닙니다. 시간이 남아돌아서 예술 활동을 하는 것이 아닙니다. 예술 활동 참여를 통해 학습자의 창의력이 향상된다는 과학적 증거를 기반으로 합니다.

뇌과학적인 증거 분석을 통해서 예술 교육에 투자하고 있는 것입니다. '투자'라는 단어에 주목해야 합니다. 이런 예술 활동의 '투자'가 장기적으로 본다면 더 많은 국익을 가져다주리란 계산입니다. 미래를 먹여 살릴 인재들을 양성하기 위해, 국가적 차원에서 철저한 계산에 의한 투자입니다.

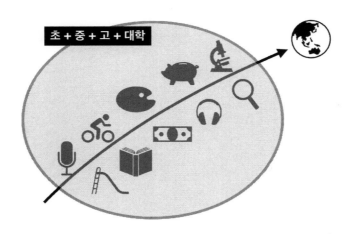

4차 산업혁명이 도래하고 있습니다. 우리는 새로운 시대에 적합한 새로운 능력을 갖춰야 합니다. 새로운 능력을 어떻게 갖출 수 있을까요? 글로벌 세계화 시대의 경쟁력은 스스로 갖추어야 합니다. 새로운 종류의 노동시장이 발현되고 있습니다. 몸을 쓰는 체력적인 노동이 아니라 머리와 창의력의 노동을 요구하는 시대가 오고 있습니다. 제페토나 로블록스라는 메타버스에서는 게임 환경, 캐릭터 디자인 등으로 돈을 벌고 있습니다. 쉽게는 유튜브를 통해 생계비를 마련하는 유튜버들이 있습니다.

배움에 관한 새로운 시각이 필요합니다.

학교 교육은 기본 중의 기본입니다.

아시다시피 학교에서는 '공부'를 합니다. 집에서는 '휴식'을 합니다. 그리고 대학교를 졸업하고 사회에 나가면 최종적으로 '경제' 활동에 참여합니다. 우리는 이런 식으로 기관과 역할, 시기를 딱딱 구분하려는 경향이 있습니다. 과연 이것이 정답일까요?

일반적으로 사람들은 '가정, 학교, 사회'의 역할이 각각 구분되어 있다고 생각합니다. 편견이 심한 분들은 학생은 절대 돈을 벌어서는 안된다고 생각합니다. 고정관념에 빠져있는 것입니다. '학생이라면 공부를 해야지, 돈을 벌거나 유튜버를 하면 바람직하지 않다.'라는 식입니다. 학생의 신분이라면 학교를 졸업하고 취업하고 난 뒤, 그때서야 돈을 버는 것이 순리에 맞다고 생각합니다.

하지만 지금은 그런 시대가 아닙니다. 역할은 구분되지 않았습니다. 세상 어디에도 정해진 것은 어디에도 없습니다. 우리는 언제 어디에서든 공부, 휴식, 경제활동을 할 수 있습니다. 그리고 그것이 진짜 공부입니다. 앞서 언급드린 유대인 자녀들은 어린시절 부터 경제활동을 하고 투자를 합니다. 어린시절 부터 계약서 쓰기, 주식과 ETF, 창업과 대출 방법 등을 배웁니다.

집에서도 공부해야 합니다. 직장에 취업해서도 공부해야 살아남는 시대입니다. 반대로 학교에 다니면서도 휴식을 할 수 있습니다. 학생도 경제활동에 참여할 수도 있습니다. 아니 참여해야만 합니다. 학생은 공부에만 전념해야 한다는 것은 시대착오적 발상입니다. 학생들도 미리미리 경제활동을 공부해야 합니다. 그래야 머리가 말랑말랑해 집니다. 그래야 창의적이고 파괴적인, 혁신적인 아이디어를 만들어 낼 수 있습니다.

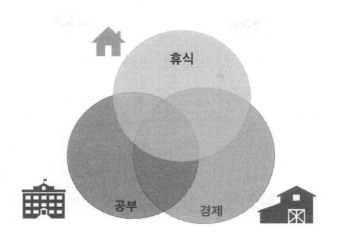

위 그림을 보시기 바랍니다.

가정, 학교, 사회는 떨어져 있지 않습니다.

휴식, 공부, 경제도 역시 한몸입니다.

경제를 공부해야 자본주의 사회에서 살아남을 수 있습니다.

유대인들은 글로벌 대기업, 세계적인 금융 사업을 손아귀에 쥐고 있습니다. 이들의 중심에는 가정교육이 있습니다. 어려서부터 금융교육, 경제활동을 경험합니다. 심지어 태어나자마자 주식을 받기도 합니다. 청소년 시기에는 주식과 펀드에 투자하기 시작합니다.

우리나라 대학생들이 대학교를 졸업할 땐
　　수천만 원의 빚쟁이로 사회생활을 시작합니다.

반면 유대인들이 대학교를 졸업할 땐
　　수천만 원의 창업 자금, 시드머니를 가지고 시작합니다.

한국의 학생들은 말 잘 듣는 근로자,
　　월급쟁이 노예가 되기 위해 치열하게 경쟁합니다.
유대인 학생들은 남들이 손대지 않는 분야에서
　　파괴적 혁신으로 세계 최고의 기업을 창업하려 합니다.

/

　매년 졸업하는 대학생들이 수만 명이 넘습니다. 고학력이 평준화된 시대에 살아남기 위해서는 경쟁력이 필요합니다. 나만의 차별화된 경쟁력을 갖추어야 합니다. 필요한 것은 바로 '차별화'입니다. 차별화된 퍼스널 브랜딩이 필요합니다. 남들과 다른 나만의 매력이 필요합니다.

　저는 이를 위해 학생들과 '연극'을 하였습니다.

매력적인 인재, 차별화 된 개성을 갖추기 위해 '연극'을 활용한 것입니다. 연극 등의 예술 활동이 학생들에게 줄 수 있는 가치는 무엇일까요? 연극과 차별화, 퍼스널 브랜딩은 무슨 관련이 있을까요?

연기는 배려가 필요합니다.
연극은 다차원적 표현력이 필요합니다.
연극은 철학적 사고력가 필요합니다.

교과서를 암기하고, 문제 풀이만이 공부는 아닙니다.
사색하고, 토론하고, 투자하고, 여행하고, 체험하고, 활동하고, 움직이고, 생각하고, 느끼는 것도 모두 '공부'입니다. 이 모든 것이 공부입니다. 느려 보여도 이것이 더욱더 빠르고 효과적인 공부입니다. 연극은 '나'에 대한 공부입니다. 연극은 표현력과 철학적 사고력에 관한 공부입니다. 연극도 역시 삶의 공부입니다.

무엇보다 '표현력'이 필요합니다.
한국 학생들에게 가장 부족한 것은 자신감과 표현력입니다. 학생들은 자신의 가치를 깨닫지 못하고 있습니다. 본인의 장점을 세상에 드러낼 기회가 별로 없었기 때문입니다. 수백년을 땅 속에만 박혀 있는 보석은 보석이 아닙니다. 보석은 땅속에서 발굴하고 예쁘게 반짝일 수 있도록 세공해야 합니다. 마찬가지로 학생들도 땅속에서 꺼내, 예쁘게 반짝일 기회를 주어야 합니다.

연극과 같은 예술활동은 자신의 가치를 세상에 뽐낼 기회를 줍니다. 자신감을 가지고 '나'를 표현하길 주문합니다. 지나친 겸손보다 자신의 독특한 매력을 선보이도록 훈련합니다. 때로는 과장될 정도로 표정과 말투를 과하게 표현하기도 합니다.

여러분도 아실 겁니다.
무대 위, 조명 아래 학생들이 얼마나 예쁘게 반짝이는지 말입니다. 정말 아름답습니다. 어린 학생들이 무대 위에서 하는 공연, 그 연기에는 순수함의 떨림과 울림이 있습니다. 연극과 같은 예술활동은 학생들이 자신의 아름다움, 가치, 창의력을 마음껏 발휘하는 경험을 제공합니다.

이를 통해 학생들이 자신의 아름다움을, 자신의 가치를 깨달을 기회를 주어야 합니다. 그래야 자신감이 생기고, 표현력이 향상됩니다. 자신감과 표현력이 향상된 학생들은 미래로 나아가는 에너지가 다릅니다. 주체적인 에너지를 장착한 학생은 더욱 열정적으로 미래에 자신을 투자할 것입니다.

연극을 경험한 학생들은 표현력도 향상됩니다.

연극반 학생들은 거의 자동으로 프레젠테이션 능력이 향상됩니다. 별도의 발표력 훈련이 없어도 우수한 스피치 능력을 보입니다. 당연합니다. 연극 배우들은 200명 이상 관객들과의 '기 싸움'에서 지지 않도록 수십 번 이상을 반복해서 훈련 받았기 때문입니다.

교사 및 학생 배우나 스피치 훈련을 부탁하는 교사들에게 저는 다음과 같이 교육합니다. 아래 글은 제가 실재로 연극 지도나 스피치 훈련을 할 때 교육하는 내용입니다.

〈연기지도 & 스피치 훈련법〉 강의 중에서…

관객들이 마음을 훔쳐야 한다
매력적인 주인공이 되어야 해
네가 말할 땐 네가 주인공이야
사람들이 너를 보게 하고 너를 듣게 해야 한다
공연장의 공기조차도 너에게 향하게 만들어야 한다

몸짓 하나, 대사 하나,
숨소리 하나, 기다림 하나까지
모든 것들을 너에게 집중하게 만들어야 한다.

/

네 친구의 실수를 탓하지 말아야 한다
책임을 전가하는 순간 관객의 몰입은 실패한다

잊지 마라. 우리는 한 팀이다
다른 친구의 실수까지 감싸 안을 수 있어야 한다
그것이 호흡이고 그것이 협력이다
그리고 그것이 연극의 재미다

발달장애학생들의 취업 지도 역시 이와 비슷합니다. 면접 훈
련과 연극 연기 사이에는 유사점이 상당히 많습니다. 저는 취업
과 면접을 앞둔 학생들도 역시 비슷한 방법으로 지도합니다.

사업체 대표를 감동하게 해야 한다.
모든 사람이 취업할 순 없다
성실히 일하며, 밝게 인사해야 한다.
주변을 성실함으로 감동하게 해야 한다.

심사위원들의 마음을 훔쳐야 한다.
주변에 네 목소리를 듣게 만들어야 한다.

너의 아름다움을 보여줘야 한다.
성실하고 순수한 너의 매력을
주변에 보여줘야 한다.
다른 사람의 마음을 훔쳐야 한다.

주변에 인정을 받으라는 말입니다.

저에게 사업체에서 구직 요청이 온다면 과연 어떤 학생을 먼저 소개할까요? 당연히 주변을 감동하게 한 학생입니다. 성실함과 친절함으로 선생님들의 마음을 훔친 학생입니다. 그 학생이 가장 먼저 선택됩니다.

한 끗의 차이가 있는 학생이 됩니다. 공부를 잘했다거나 수학 문제를 잘 풀거나 이런 것은 반영되지 않습니다. 이 사실에 주목하시기 바랍니다. 우선순위는 그것이 아닙니다.

회사에서 중요한 것은 '팀워크 teamwork'입니다.

동료들과 잘 어울리면서 높은 성과로 이끌어줄 팀원을 필요로 하는 것입니다. 우리는 이렇게 매력적인 근로자가 되도록 지도해야 합니다. 이것이 책을 통한 교과 공부보다 더 중요합니다. 책임감과 성실함, 배려심과 헌신, 퍼스널 브랜딩, 자기 이미지 관리에 대한 노력이 필요합니다.

이런 점에서 저를 놀라게 한 학생이 있습니다.

바로 K학생입니다. K학생은 정말 간절히 취업을 원했습니다. 지적장애의 여학생이었던 그 친구는, 전공과 1학년 때부터 취업에 관심이 많았습니다. 2학년 선배들이 취업하는 소식을 들으면 궁금해 하며 이것저것 물어보곤 했습니다.

당시 저는 전공부장으로 장애인일자리 사업을 총괄하고 있었습니다. 그래서 쉬는 시간이면 학교 이곳저곳을 돌아보곤 했습니다. 학생들의 근무 상황을 파악하기 위함입니다. 일은 잘하고 있는지? 구부정하게 서서 근무하고 있진 않은지? 청소나 위생 상태는 어떠한지? 학생들의 근무태도를 하나하나 살펴봅니다.

당연히 학생들은 제가 방문할 때면 어렵고 불편해 합니다. 하지만 이런 긴장감도 꼭 필요합니다. 누군가 일하는 나를 지켜보고 있다는 긴장감 말입니다. 이것은 사회에 나가면 누구나 거치는 과정입니다. 장애학생들도 마찬가지입니다. 다른 것은 하나도 없습니다.

어느 날은 K학생이 근무하고 있는 교내 카페에 들어갔습니다. 바닥과 유리창의 청소 상태를 점검하였습니다. 제가 들어가니 카페를 담당하던 3명의 학생 모두 바짝 긴장하고 있습니다. 저는 제가 해야 할 일을 합니다. 칭찬할 건 칭찬하고 야단칠 건 야단칩니다. 그래야 학생들의 마음이 단단해 집니다. 이렇게 단단한 마음을 갖도록 돕는 일이 제가 하는 일입니다.

잔소리를 끝내고 잠시 뒤.

아무 말 없이 카페에 앉아 책을 읽었습니다. 저만의 방식입니다. 학생들이 얼마나 물 흐르듯 일을 하는지 알아보는 방법입니다. 30분 정도 바쁜 시간이 지나고 카페가 조금 조용해졌습니다. K학생이 용기 있게 저에게 말을 겁니다.

"선생님…. 시원한 차 한 잔 드릴까요?"

제가 잘 못 들은 것일까요?

발달장애학생들 가운데 이런 말주변을 갖춘 아이가 과연 얼마나 될까요? 이것이 학생의 능력이든, 가정교육이든, 담임교사의 지도 덕분이든, 어찌 되었건 저는 감동했습니다. 이 친구는 자신을 성공적으로 디자인했습니다.

이 학생은 당연히 전공과에서 1순위로, 현장실습과 취업 기회를 얻게 되었습니다. 다른 선생님들도 역시 K학생을 추천하였습니다. 많은 선생님이 K학생을 추천한 것은 친절한 성품과 말씨 때문입니다. 이런 배려심과 친절함에 우리는 감동을 하게 됩니다.

작업능력이 아무리 우수해도 주변 사람들과 어울리지 못하면 고용유지가 힘듭니다. 심성이 바른 친구, 좋은 말씨, 마음 씀씀이가 좋은 친구들이 필요합니다. 이런 학생들은 작업 능력이 뛰어나지 못해도 오랫동안 직장 생활을 유지합니다. 반대로 회사 동료들과의 관계가 원만하지 못하면, 그 직장에 오래 적응하지 못하고 그만두는 경우가 많습니다. 아무리 능력이 뛰어나도 팀워크를 깨는 근로자는 함께하기 힘든 법입니다.

직장생활을 해보신 분이라면 알고 있을 겁니다.

일은 그냥 하면 됩니다. 사실 일이 힘든 것이 아닙니다. 힘든 것은 사람입니다. 여러 사람과의 관계 속에서 일하는 것이 힘든 것입니다. 원만한 인간관계를 가지며 일하는 것은 결코 쉬운 일이 아닙니다. 더군다나 '장애'라는 노란딱지를 붙이고 사회생활을 시작해야 하는 장애 학생들이라면 더욱더 그렇습니다.

그 후, K학생은 식자재 대형마트에 취업했습니다. 예상대로, 직장에서 같이 일하는 동료 언니들에게 사랑을 듬뿍 받으며 지냈습니다. K학생에게도 첫 월급으로 동료들에게 캔커피 하나씩 돌리며 감사인사를 잊지 않도록 지도하였습니다. 주변에 '정'을 나눈 만큼, 다시 자신에게 돌아올 것이라는 조언과 함께 말입니다.

/

상대의 마음을 훔친 또 다른 사례입니다.

H학생은 아주 서글서글한 성격입니다. 많은 경우 발달장애학생들은 어른들과 대화를 어려워하는 경우가 많았습니다. 특히 낯

선 사람들을 피하거나 두려워하는 모습을 자주 보이죠. 그런데 H 학생은 달랐습니다. 대인 관계를 전혀 어려워하지 않았습니다. 알고 보니 H학생은 주말마다 교회에 다니고 있었습니다. 매주 예배가 끝나면 비슷한 또래의 형, 동생들과 어울렸습니다. 같이 볼링도 치고, 영화도 보고, 노래방도 다녔습니다.

솔직히 H학생은 인지적능력, 작업능력이 그리 뛰어나지 않았습니다. 같은 반 학생들 사이에서 상당히 낮은 편이었습니다. 작업 속도도 늦고, 시간 대비 작업량도 많지 않았습니다. 하지만 H 학생은 정말 밝고 씩씩하게 인사를 잘했습니다. 일은 못해도 늘 자신감이 가득한 큰 목소리가 있었습니다. 그리고 생글생글 웃으면 지냈습니다. 무엇보다 다른 사람들과 얘기하고 소통하는 것에 거리낌이 없었습니다.

어느 날, 장애인부모회에서 사무행정 보조자리가 나왔습니다. 다행히 발달장애에 한정된 TO 였습니다. 선생님들은 모두 H 학생을 추천했습니다. 주변 사람들에게 친절한 H학생을 다들 좋아했기 때문입니다. H학생은 컴퓨터를 다루는 능력이 뛰어나지 않았습니다. 작업 능력도 뛰어나지도 않았습니다. 하지만 지금은 일을 잘하고 있습니다. 자신만의 강점을 잘 살린 것입니다. H학생의 취업 사례를 통해서도 표현력과 대인 관계 능력이 얼마나 중요한 것인지 알 수 있습니다.

발달장애학생들은 취업을 하더라도 직장 내 동료 관계를 견디지 못하고 돌아오는 경우가 상당히 많습니다. 그러니 주변 사람들과 좋은 관계를 만드는 방법을 체득해야 합니다. 체득이란 자동적으로 몸에 습관화 됨을 의미합니다. 체득이란 교과서나 문제 풀이를 통해서는 얻을 수 없는 '공부'입니다.

앞서 H학생처럼 일반들과 만남과 접촉의 기회가 더 많아야 합니다. 축구, 배드민턴, 악기 연주, 등산 등 정기적인 취미 동호회에 참가하면 좋겠습니다.

집에만 있어서는 안 됩니다.

일반인들을 접한다는 것이 두렵고 걱정이 될 수 있습니다. 하지만 꼭 필요한 과정입니다. 발달장애학생들은 좋은 사람들과 모임을 통해 세상과 더 만나야 합니다. 상처 없는 성장은 없습니다. 학생들은 상처를 극복해 가면서 조금씩 성장해 나갈 것입니다. 발달장애학생들이 사회에 나가면 나갈수록, 우리 학생들의 진가를 알아볼 것입니다. 그러니 용기를 내야 합니다.

제가 확신을 드리겠습니다.
우리 학생들은 착하고 성실합니다.

약속을 잘 키기고 선한 마음을 가지고 있습니다. 상대방을 악의로 속이거나 하지 않습니다. 이들과 함께 일하는 시간은 즐겁습니다. 행복하죠. 가끔 가족들 외에 이렇게 나를 진심으로 좋아해주는 '존재'가 있을까 싶기도 합니다. 주변을 밝게 만드는 순수한 마음의 가치를 알아보는 사람들이 늘어나고 있습니다.

빠르고 효율성만 따는 사회에서
느리지만 함께 사는 사회로 옮겨가고 있습니다.

특수교육분야에서는
'혼자 가면 빨리 갈 수 있지만, 함께 가면 멀리 갈 수 있다'
라는 말을 자주 합니다.

저는 이 철학적 메시지가 우리 사회로 더 넓게 퍼져야 한다고 생각합니다. 그것은 발달장애학생을 위함이 아닙니다. 이것은 우리 사회가 정상으로 회복하는 길입니다.

꿀팁으로 쓰는
이력서와 자소서

이력서? 자소서? 어떻게 쓰죠??

자신이 누구인지 알리는 객관적인 자료가 바로 이력서입니다. 자자기소개서는 자신만의 이야기, 그 역사를 주관적으로 말해 줍니다. 사실 발달장애학생들은 선생님 혹은 부모님이 대신 작성하는 경우가 많습니다. 글을 쓴다는 건 사실 선생님들도 힘든 작업입니다. 누구나 백지를 마주하면 답답함이 밀려 옵니다.

채용 시기가 다가오면 구직 활동은 촌각을 다툽니다. 순간순간 빠르게 대응해야 합니다. 그러다보면 취업 담당 선생님의 손이 바쁩니다. 이력서와 자소서 양식을 수시로 집으로 보내는 건 번거롭습니다. 차라리 옆에 학생을 앉혀두고 함께 소설을 작성하는 것이 더 빠릅니다.

어쩔 수 없는 상황이긴 합니다.

그래도 바람직한 방향은 아닙니다. 구직활동은 한 학생의 인생, 한 가족의 생계까지 좌우하는 일입니다. 구직활동의 주체가 바뀌는 것이 가장 큰 문제입니다. 자립을 위해서는 '스스로 생존하는 법'을 배워야 합니다. 따라서 교사는 약간의 가이드라인 정도만 제시해야 합니다. 숙제를 대신해 주는 건 도움이 아닙니다. 이력서와 자소서는 학생과 부모님께서 함께 작성하는 것이 바람직합니다. 이번에는 그 방법을 꿀팁으로 안내하겠습니다.

이력서를 작성은 어렵지 않습니다.

있는 그대로를 객관적으로 작성하면 됩니다. 신상 정보와 학력, 자격증, 취업 경력 등 꼼꼼히 기록합니다. 특히 강점이 될 만한 자격증, 훈련, 실습 경력이 있다면 빠짐없이 써넣습니다. 어려워하시는 부분은 바로 자기소개서입니다. '자소서'라는 걸 써본 지 오래되어 어색합니다. 성장 배경에는 뭘 적어야 하는지? 자녀에 관한 얘기를 어떻게 풀어써야 할지 걱정이 됩니다. 자소서의 빈칸이 너무나 커 보입니다.

꿀팁입니다.
샘플을 참고하세요.

이때 선생님들께서 도움을 주시면 좋습니다. 모범 샘플을 가이드용으로 참고하게 합니다. 취업 담당 교사라면, 그동안의 이력서 및 자소서 데이터가 있습니다. 원본 그대로 옮기라는 말이 아닙니다. 자소서에 담길 '글의 꼭지'를 참고하는 것입니다. 글의 꼭지란 일반적인 문장의 순서와 내용을 말합니다. 교사의 도움을 받을 수 없다면 인터넷에서 샘플을 참고하면 되겠습니다.

아는 것과 그것을 표현하기 위한 쓰기활동은 다른 작업입니다. 무엇이든 글로 표현하는 것은 어렵고 까다롭습니다. 아무리 말을 잘하는 사람도 막상 글로 써보려고 하면 탁 막히게 됩니다. 그것이 글쓰기의 어려움입니다. 그래서 샘플이 필요합니다.

샘플 자료를 보면 '아~ 나도 이렇게 쓰면 되겠구나'라는 편안한 마음이 생깁니다. 그럼 남은 것은 레고 블록을 끼우듯 문장을 끼워 연결하는 것 뿐입니다. 자연스럽게 자기소개서 쓰기는 레고 블록 놀이처럼 쉬운 작업이 됩니다.

몇 가지 사례를 살펴 봅시다.

A. 성장 배경

성장 배경에는 가족 구성원 간단한 소개, 가정 내 분위기를 씁니다. 여유 시간이나 주말에 가족들이 함께하는 취미를 넣어도 좋습니다. 부모님의 가정교육 철학 등도 넣을 수 있습니다. 구체적으로 우리 가족은 몇 명인지? 가정의 분위기는 어땠는지? 부모님의 자녀 교육 철학은 무엇인지? 등에 관한 질문에 대답한다고 생각을 하면 됩니다. 대신 말이 아니라 글로 표현하는 것이죠. 교사가 안내하는 샘플이란 이러한 글의 틀과 순서를 말합니다.

B. 성격 및 취미

다음 꼭지는 개인의 성향에 관한 내용입니다. 본인이 생각하는 나의 성격은 무엇인지? 장점 혹은 단점 무엇인지? 평소 좋아하고 관심 있어 하는 분야는 무엇인지? 대인관계는 어떤지? 등에 관한 내용입니다. 이때에는 앞서 제가 강조하여 말씀드린 '포트폴리오'를 참고 자료로 활용하면 좋습니다.

포트폴리오에는 학생만의 '역사'가 누적되어 기록되어 있습니다. 그래서 포트폴리오를 하나의 무형의 자산이라고 말씀드렸습니다. 개인별 포트폴리오를 보면 학생에 대한 기록을 보다 쉽게 작성할 수 있습니다. 자기 성격은 가능한 원만하게 표현하여 작성합니다. 취미나 특기 부분에서는 채용과 관련된 내용을 매칭하면 좋겠지만 아니라도 상관 없습니다. 예를 들어 환경미화직에 응시하는 학생이라면 꼼꼼하고 깔끔한 성격을 강조하면 좋습니다. 하지만 최근에는 이런 부분은 크게 중요하게 보지 않습니다.

다음으로 장점 및 단점입니다. 부모님들이 많이 어려워 하시죠. 내 아이가 무엇을 잘하는지? 단점은 또 무엇인지? 단점을 있는 그대로 솔직히 작성해도 되는지 걱정이 됩니다.

학생의 단점은 조금만 작성하세요.
전체 불량의 90% 이상 장점을 쓰면 됩니다.

〈예시〉
'저는 내성적으로 말수가 별로 없는 편입니다. 하지만 주변 동료들과 문제없이 친하게 잘 지내고 있습니다. 주변에서는 제가 친절하고 신중한 편이라고 합니다. 선생님들께서는 제가 인사도 잘하고 밝고 꼼꼼한 성격이라고 하십니다.'

이 정도로만 작성해도 됩니다. 이렇게 내성적이란 단점을 '신중하다, 꼼꼼하다'라는 표현을 활용해 작성하면 됩니다.

C. 경력 사항

경력 사항에는 취업, 현장실습, 인턴쉽 등 경력 사항을 기록하면 됩니다. 그러니까 '너는 무슨 일을 해봤니? 일한 경험이 있으면 말해볼래?' 라는 업체의 요구에 대한 답변입니다. 이 경력 사항 부분에서 지원자 간의 차이가 크게 벌어집니다. 특히 고등학교 3학년 재학생들은 경력 사항에 특별히 어필할 내용이 없기 때문입니다. 꿀팁을 드리자면 훈련을 받은 내용도 경력사항에 넣는 것입니다.

〈예시〉
'조립포장과에 들어가서 2년간 실습 경험이 있었습니다'
'장애인복지관에서 3개월간 직업훈련을 받았습니다'

전공과에서 복지일자리에 참여한 경력도 좋습니다.

〈예시〉
'특수교육 복지연계형 복지일자리에 참여한 적이 있습니다. 약 50만원 정도의 급여를 받으며 2년간 일을 하였습니다, 업무는 급식소에서 식판 정리와 잔반 정리를 맡았습니다'

작성할 내용이 없다고 백지를 제출하면 안 됩니다. 지원자로서 예의를 지키기 위해 뭐라도 표현하고 어필해야 합니다.

〈예시〉

'저는 아직 일을 해본 경력은 없습니다. 하지만 저는 부모님과 여행을 많이 다녔습니다. 여행을 하면서 저는 카페와 관련된 일을 좋아한다는 것을 알게 되었습니다. 그 일을 할 때 행복함을 느꼈습니다'

집에서 일한 경험이라도 아래와 같이 작성하기 바랍니다.

〈예시〉

'저는 매주 목요일 저녁에 집안일로 분리수거를 합니다. 그리고 금요일 저녁에는 설거지를 합니다. 매일 일요일 오전에는 청소를 하는데, 저는 청소기 돌리기를 하고 있습니다'

꿀팁입니다.

전략적 홍보하세요.

서류 전형과 면접은 짧은 시간 안에 승부가 납니다.

'광고 카피라이터'처럼 단 몇 초 안에 관심을 끌 수 있어야 합니다. 한없이 겸손하고, 한없이 조용한 사람은 주목받지 못합니다. 자신을 하나의 예쁜 상품으로 포장해야 합니다. 나만의 브랜드를 잘 홍보할 수 있는 능력이 주목받는 시대입니다.

스토리를 담아내야 합니다.

그래서 제가 스토리를 강조했습니다. 가능하다면 채용 분야와 관련된 학생의 장점을 녹여내야 합니다. 이를 위해서는 학생의 과거 흔적들을 살펴봐야 합니다. 자격증이나 실습 경력은 물론이고 수영, 볼링, 악기 연주 등 취미생활도 좋은 소재가 됩니다. 이런 소재들을 학생의 강점과 연결고리를 만들어야 합니다. 취미도 강점으로 연결할 수 있죠.

〈예시〉

'저는 수영을 좋아합니다. 초등학교 때부터 매주 화, 수, 목요일은 꾸준히 수영을 해왔습니다. 작은 대회지만 학생 수영대회에 참가해서 상을 받은 경험도 있습니다'

글이라는 도구를 활용해 우리는 무엇인가를 더 아름답게 포장할 수 있습니다. 글에는 감동과 이야기를 담을 수 있습니다. 이것이 바로 전략적인 홍보입니다. 자기소개서가 이력서와 다른 점이 바로 여기에 있습니다. 자기소개서는 바로 '스토리(stroy)와 감성을 담을 수 있습니다. 그러니까 학생 자신만의 이야기를 통해 자신을 어필할 기회가 있는 것입니다.

J취업한 K학생은 아래와 같이 자소서를 작성했습니다.
〈예시〉
'저는 빨리 취업을 하고 싶습니다. 그래서 꼭 돈을 벌고 싶습니다. 열심히 일하고 돈을 벌고 싶습니다. 그래서 부모님께 조금이라도 효도하고 싶습니다. 저는 박스를 잘 옮기고 성실합니다. 그래서 학교에서 우수사원으로 상을 받은 적도 있습니다. 만약 제가 ** 병원에 합격하게 된다면 주변 동료와 잘 지내도록 노력하겠습니다'

본래 취업이란 그 직업과 나의 교집합을 찾는 활동입니다. 자기소개서에도 이렇게 공통분모를 연결하여 글로 표현하면 됩니다. 일자리와 자신의 얼마나 어울리는지 쓰면 됩니다.

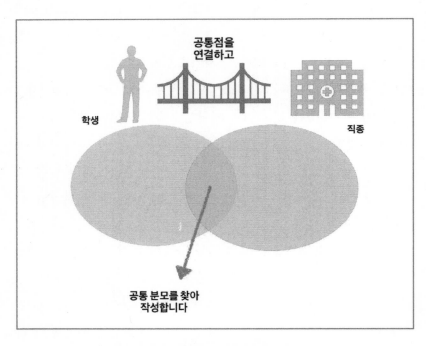

공통점을
연결하고

학생

직종

공통 분모를 찾아
작성합니다

직업과 학생 사이의 교집합을 찾습니다.
그 공통 분모를 쓰면 훌륭한 자기소개서가 됩니다

꿀팁입니다.

디지털 데이터로 보관하세요.

이력서와 자기소개서는 컴퓨터파일로 저장하세요.

취업은 한 번에 성공하지 않습니다. 한글파일로 저장된 이력서와 자소서는 다음에 활용합니다. 다른 기회가 왔을 때 재빨리 활용해야 합니다. 장애 학생들의 취업 기회는 들쑥날쑥합니다. 언제 어떻게 기회가 찾아올지 모릅니다. 그러니 항상 미리 대비하고 있어야 합니다.

클라우드를 이용하면 편리합니다.이력서, 자소서, 복지카드사본 등 주요 서류를 클라우드(웹하드)에 저장하면 좋습니다. 한 번만 디지털 데이터로 저장해 두면, 다음에는 기존 자료를 조금만 수정하면 됩니다.

주변에 고등학생이나 대학생에게 클라우드 사용법 혹은 이메일 사용법을 배워야 합니다. 혹은 유튜브에서도 아주 쉽게 따라하며 배울 수 있습니다. 구직자가 이메일이나 온라인 공인인증이 없다면 매우 불편합니다. 요즘에는 이력서 자체를 이메일로 접수 받는 일이 많습니다. 최소한 이메일, 공인인증서 사용 및 관리방법은 익혀야 합니다.

/

꿀팁입니다.
멋진 동영상을 만들어 봅시다.

앞에서도 안내했었죠? 바로 동영상 형태의 자소서 제작입니다. '나만의 포트폴리오'에서 강조한 개인 브랜딩을 위한 영상입니다. 이미 많은 학생이 짧은 영상으로 자신을 아름답게 포장하고 있습니다. 이는 강력한 자산이 되어줄 것입니다. 동영상 제작은 어렵지 않습니다. 관련 사진을 모아두면 됩니다. 스마트폰과 동영상 제작 앱만 있으면 누구나 쉽게 영상 제작이 가능합니다.

 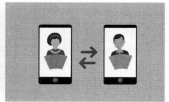

꿀팁입니다.

거꾸로 준비해 보세요.

대학생 시절.

저는 시험을 준비할 때 역방향적으로 공부했습니다. 역방향적인 공부는 제가 수석으로 졸업하고, 동시에 임용에 합격한 노하우입니다. 역방향적인 관점은 제가 수시로 장학금을 받은 비결이기도 합니다. 역방향적인 공부란 쉽게 말해 '뒤에서부터 하는 공부'입니다. 저는 발달장애학생들도 역방향적인 공부, 역방향적인 진로설계가 필요하다고 생각합니다.

일반적인 학생들은 이론을 공부하고 문제 풀이를 합니다.

저는 기출문제 분석을 꼼꼼히 해서(역방향적 설계),

중요한 부분을 되짚어 가면서 공부합니다(역방향적 공부).

공부에도 역방향적 사고가 필요하고

취업에도 역방향적 사고가 필요합니다.

취업에서의 역방향적 사고란 무엇일까요?

역방향적인 공부가 '뒤에서부터 하는 공부(거꾸로 공부)'라면,

역방향적인 취업이란 '뒤에서부터 준비하는 취업'입니다.

즉 '거꾸로 생각해보는 진로 설계'입니다. 뒤에서부터(미래에서부터) 찾아가며 필요한 진로/직업을 준비하는 것입니다. 이것은 미래를 예상한 뒤, 그에 맞춰 진로를 설계하는 것을 말합니다.

일반적인 공부의 방향은 단조롭습니다. 초중고를 졸업하고, 대학에 들어갑니다. 대학에 들어가서 자격증과 토익점수를 준비합니다. 대학을 졸업하며 좋은 직장에 취업합니다. 그런데 과연 이런 일반적인 방향의 진로 계획만 옳은 것일까요?

역방향적인 공부의 방향은 상상력을 기반으로 합니다.
미래에 유망한 직업은 무엇일까?
미래에 나는 어떤 일을 하고 있을까?
미래에 내가 잘할 수 있는 분야는 뭘까?
미래에 나는 어떤 일을 해야 행복감을 느낄까?
미래에 나와 우리 가족은 어디에 살까?
미래에 사람들은 어떻게 돈을 벌까?

이런 상상력과 예측을 기반으로, 역으로 이에 대응하여 나의 진로를 계획한다는 말입니다. 예를 들어, 무인카페의 활성화로 미래에 바리스타가 없어질 것이라 예측한다면? 다른 직업을 찾아야겠죠. 일반적인 공부와 진로의 방향과 역방향적 사고와 진로의 방향을 비교해 보겠습니다.

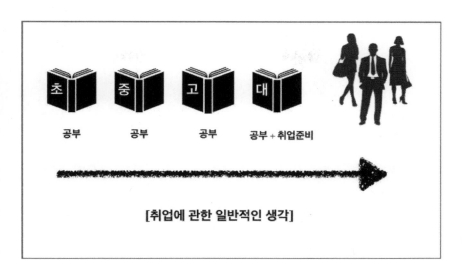

[취업에 관한 일반적인 생각]

[역발상의 공부, 역발상의 취업 준비]

마지막 꿀팁입니다.

보이지 않는 부분을 보세요.

가끔 장애인식개선 강사로 초빙되는 경우가 있습니다.

장애이해 교육의 대상은 교사, 사회복무요원, 특수교육실무원 등입니다. 제가 강의에서 빠짐없이 꼭 포함하는 장면이 있습니다. 바로 '하얀 바탕에 검은 점이 있는 그림'입니다. 큰 도화지 정중앙에 점을 하나 찍습니다. 그리고 사람들에게 보여 줍니다. 무엇인가 궁금해하는 사람들에게 저는 묻습니다.

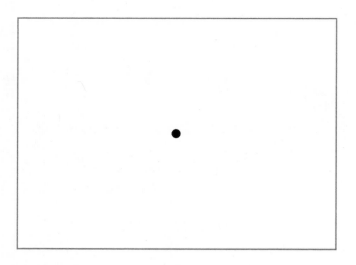

"뭐가 보이시나요?"

"검은 점이요"

그럼 저는 다시 묻습니다.
"뭐가 보이시나요?"
"검은 점이 보입니다"

그럼 저는 더 있다고 찾아보라고 합니다. 사람들은 미간을 찌푸리고, 안경을 다시 고쳐 씁니다. 좀 더 자세히 보기 위해 애를 씁니다. 잠시 뒤 제가 원하는 정답을 누가 말합니다.

"하얀 바탕이 보입니다"
바로 이것입니다.
이것이 바로 제가 바라는 '관점의 변화'입니다.

사람들은 단점에 주목합니다.
도화지에 그려진 '점'에만 초점을 둡니다. 하지만 그 점보다 수만 배는 더 크고 넓은 '하얀 바탕'이 존재합니다. 발달장애학생들도 작은 점이 아니라 크고 넓은 하얀 바탕(장점)이 존재합니다.

단점이 없는 사람은 없습니다.
누구나 부족한 부분이 있습니다. 하지만 누구나 단점보다 더 많은 장점이 존재합니다. 학력, 재력, 외모 등 거울에 비친 자신의 단점에 마음 아파해야 할 이유가 없습니다. 우리는 모두 따뜻한 심성을 가지고 있습니다. 우리는 누구나 좋은 아들, 좋은 딸입니다. 모두가 성실하고 착한 마음의 소유자입니다.

발달장애학생도 마찬가지가 입니다.
발달장애학생도 단점보다 몇 배나 장점이 많습니다.

우리는 그동안 '장애'라는 용어, 그 쇠고랑에 묶여 장애학생들의 단점에만 주목했습니다. 우리는 함부로 '장애'라는 용어를 사용합니다. 'ADHD'와 같은 그런 용어에 익숙해져 버렸습니다.

이제는 아시다시피 이런 용어는 그 사람을 100% 표현하지 못합니다. 이력서나 자소서가 여러분을 100% 표현하지 못하듯이 말입니다. 어떻게 용어나 숫자 쪼가리 몇 개로 한 인간을 설명할 수 있을까요?

우리는 이제 훨씬 더 큰 하얀 바탕을 바라봐야 합니다.
'무엇을 할 수 없음'이 아니라
'무엇을 할 수 있음'에 주목해야 합니다.

우리는 발달장애학생의 강점을 발견할 수 있어야 합니다.
발달장애학생과 그들 가족의 자존감을 끌어올려야 합니다.

거절에 익숙해질 것

　　한때 유튜브에 '내 손으로 집짓기'라는 콘텐츠가 유명했습니다. 유튜브 알고리즘에는 셀프 내 집 시공 영상이 줄이어 올라왔습니다. 특히 서양인들은 정말 전문가처럼 자기 집을 제작했습니다. 친구와 가족들이 힘을 모아 '나만의 집'을 지었습니다. 땅을 파고 기초공사를 합니다. 자재를 주문하고, 슬라이딩 절단기로 나무를 자릅니다. 자른 나무로 바닥 공사를 마치면 뚝딱뚝딱 망치로 골조를 세웁니다. 방수시트를 깔고 지붕을 올립니다. 페인트로 외부를 마감하며 그렇게 내 집을 완공합니다.

셀프 시공을 하는 이유는 워낙에 인건비가 비싸기 때문입니다. 목수나 배관공 전문가를 부르는 비용이 너무 많이 듭니다. 그래서 상대적으로 셀프 주택 시공 인프라가 발달했습니다. 대형 창고형 마트에는 건축 자재와 인테리어 공구가 즐비합니다. 셀프 공사 영상과 정보, 커뮤니티가 매우 높은 수준으로 형성되어 있습니다. 무엇보다 '나의 필요, 나의 욕구, 나의 동기에 의함'이 가장 큰 원동력입니다. 이들에게 인테리어 공사는 즐거운 취미이자 놀이입니다.

물론 집의 완성도는 전문가의 솜씨가 훨씬 높습니다. 하지만 내 손으로 만든 주택도 분명 같은 '집'입니다. 그리고 내 손으로 만든 집이기에 더 애착이 갑니다. 처음엔 어설픈 솜씨일지라도 세월이 지나다 보면 어느새 전문가 못지 않은 건축 고수가 됩니다. 조금씩 이런 기술을 익힌다면 앞으로 '돈'과 '시간'을 더 많이 아낄 수 있습니다.

발달장애학생의 취업지도에 '우리집 건축'을 적용해 볼까요?

많은 경우, 부모님들은 전문가에 의존하려고 합니다. 관련 기관에 자녀의 미래를 맡기려고 합니다. 직장생활과 가정생활이 바쁘다보니 어쩔 수 없겠지요. 이해합니다. 하지만 저는 또다시 '사고의 관점'을 점검해 보시길 권합니다. 과연 부모님들께서는 발달장애학생의 취업 문제를 해결할 능력이 전혀 없는 걸까요?

셀프 주택 시공이 가능한 것처럼

셀프 취업 지도도 가능합니다.

간혹 '교육 활동이나 취업'을 '전문가만의 영역'이라 생각하는 부모님들이 있습니다. 취업은 전공부장이나 한국장애인고용공단의 취업담당자가 가장 잘 해결할 수 있다고 믿습니다. 과연 전문가라는 그들은 발달장애학생들의 취업 문제를 온전히 해결할 수 있을까요?

처음부터 전문가였던 사람은 없습니다.

그들도 책을 읽고 공부하며 경험을 쌓은 것 뿐입니다. 전문가도 인간입니다. 한계가 있다는 말입니다. A라는 사람이 그 사람의 최대 역량을 다하더라도, A가 해낼 수 있는 능력의 범위는 '한정적'입니다. 발달장애학생은 면접 기회도 잘 없습니다. 일자리는 우리 쪽에서 정하는 것이 아닙니다. 일자리는 기업에서 결정하는 것입니다. 우리가 원한다해서 마음대로 이루어지는 일이 아닙니다.

저의 일과를 살펴봅시다.

‘워크투게더’ 웹사이트에 접속하며 모니터를 바라봅니다. 몇 개의 구인 정보를 찾고 담당자에게 연락합니다. 한 번에 통화가 되지 않습니다. 몇 번의 통화 실패 이후에 겨우 전화가 연결됩니다. 하는 일과 고용 조건에 관해 문의합니다. 2~3명의 학생, 담임교사, 부모님에게 해당 일자리에 관해 연락해서 의논합니다.

회사는 회사대로 원하는 사람이 있습니다.
부모님은 부모님대로 원하는 조건이 있습니다.
학생은 학생대로 고민이 됩니다.
담임은 담임대로 이것저것 제약이 많습니다.

그래서 가정중심의 셀프 취업지도가 필요합니다.
그래야 ‘돈’과 ‘시간’이 절약되기 때문입니다. 언어치료를 생각해 봅시다. 치료실에서 하는 언어치료만 잘 받으면 되나요? 그러면 아이의 의사소통능력이 혁신적으로 개선이 될까요? 자녀가 치료실에 들어가면 부모님은 이제 쉬는 시간인가요?

아닙니다. 쉬더라도 그냥 쉬면 안 됩니다.
전문가의 노하우를 배워야 합니다. 언어란 가능한 조기 중재가 되어야 합니다. 반복 훈련도 필요합니다. 내 손으로 집 짓기처럼, 부모님도 준전문가가 되어야 합니다. 그래야 ‘돈’과 ‘시간’을 아낄 수 있습니다. 가정 연계교육이 이루어진다면 언어치료의 효과는 배가 될 것입니다.

저도 여러분이 전문가로 거듭나길 바라며 이 책을 썼습니다. 제가 눈과 허리를 갈아넣어 책을 쓴 목적입니다.
조금만 관심을 가진다면 여러분도 꽤 괜찮은 전문가가 될 수 있습니다. 서점에 가면 눈이 부시게 아름다운 좋은 책들이 많습니다. 책값은 언어/심리/감각통합 등의 치료비와 부대 비용에 비하면 너무나 저렴합니다.

필요한 것은 나의 시간과 노력뿐입니다.
별은 내 가슴에 있습니다.

이 세상의 누구도 한 사람의 미래를 책임질 수 없습니다.
그 누구도 주인공의 역할을 대신할 순 없습니다.

전문가의 도움을 받을 수도 있습니다. 하지만 그것은 온전히 내 것이 되지 못합니다. 반짝하고 짧은 순간엔 빛이 날지라도, 오랜시간 반짝이진 못합니다. 발달장애학생의 취업 문제. 그것은 온전히 학생과 가족이 스스로 해결해야 할 몫입니다. 전문가의 도움이나 조언을 구할 수는 있습니다. 하지만 결국에는 자신의 능력, 나의 근육을 키워야 합니다.

그러니 스스로 주인공이 되어야 합니다.

'내가 바로 전문가야.'라는 생각으로 접근해야 합니다. 전문가들의 영역이라 겁먹을 필요는 없습니다. 쉽게 생각하면 너무나도 쉽습니다. 지식정보화사회에서 뭔가 대단하고 남들이 알지 못하는 특별한 비법이란 없습니다. 이미 세상에는 좋은 자료가 넘쳐납니다. 그것들을 묵묵히 찾고 하나씩 실천하면 됩니다.

문제는 항상 실천입니다.

좋은 책들이 많습니다.

비전공자들도 쉽게 이해할 수 있습니다. 가정에서도 시도해보면 좋은 프로그램도 많습니다. 언어치료사, 물리치료사, 특수교사 등 조언을 구할 전문가들도 주변에 있습니다. 그럼 모든 조건은 갖춰진 셈입니다. 무슨 책이든, 가장 쉬운 책으로 5권 정도만 요약하며 읽어보기 바랍니다. 그렇다면 여러분이 가야 할 길이 조금씩 보일 것입니다.

거절당하는 것에
익숙해지십시오

장애 학생들을 위한 일자리가 없나요?

그렇다면 일반인 일자리까지 뚫겠다고 생각해야 합니다. 우선 거절당하는 것에 익숙해질 필요가 있습니다. 방법은 쉽습니다. 문제는 늘 실천입니다. 실천하는 5%가 될 것인지, 구경하는 95%가 될 것인지는 그저 단순한 선택의 문제입니다. 간절한 사람이라면 실천하는 5%가 되어 기회를 잡을 것입니다.

구체적 방법은 이렇습니다.

구인 정보를 찾고 당당하게 회사에 전화를 연결합니다.

"안녕하세요. 채용정보를 보고 연락드립니다."

"조립포장하는 일이네요. 정말 성실한 친구가 있는데 지원해볼까합니다. 나이는 21살입니다. 지원은 어떻게 하면 될까요?"

다음으로 학생을 데리고 면접에 가면 됩니다.

발달장애와 관련된 이야기? 그것은 거기에 가서 하면 됩니다. 만약 장애인을 뽑지 않는다거나 우리 회사가 생각하는 사람이 아니라는 말을 들을 수도 있습니다. 그럼 이렇게 말하세요.

"예, 좋은 기회를 주셔서 감사합니다"
당당하게 인사를 마치고 돌아오면 됩니다.

그리고 다시 시작합니다.
워크투게더에 접속합니다. 학생에게 적합 일자리를 찾습니다. 업체에 전화합니다. 이력서를 내고 다시 면접을 봅니다. 만약 면접장에서 장애인은 구하지 않는다는 말을 한 번 더 듣게 된다면 그럼 이렇게 말하세요.

"예, 좋은 기회를 주셔서 감사합니다"

그리고 또다시 시작하면 됩니다.
아주 쉽죠? 아주 쉽습니다. 생각해보면 아주 단순하고 쉬운 방법입니다. 필요한 건 약간의 발상의 전환입니다. '실패하면 다시 또 도전한다'라는 마인드가 필요합니다.

사실 대다수의 사람은 거절에 익숙하지 않습니다.

거절당하는 상황을 머쓱해 합니다. 그런 상황에 놓이는 것을 어색해하고 피하고 싶어 합니다. 하지만 생각의 차이일 뿐입니다. 일반 학생들도 수십장의 이력서를 냅니다. SKY대학을 나와도 원하는 직장에 못 들어가는 세상입니다.

말씀드렸듯이 수많은 자동화 기계가 인간을 밀어내고 공장을 채우고 있습니다. 테슬라의 자율주행차처럼 이제는 소프트웨어와 하드웨어까지 인간의 일자리를 노리고 있습니다. 사실 최근에 테슬라에서 발표한 로봇을 보며 전 섬찟함을 느꼈습니다. 이제 점점 더 로봇과 인공지능에게 일자리를 빼앗기겠구나 싶었습니다.

이런 불리한 상황을 극복하기 위해선 '긍정적 마인드'가 필요합니다. 넘어지는 것을 두려워하지 않아야 합니다. 적극적이고 생산적인 방향으로 움직여야 합니다. '기회'라는 것이 누구에게나 오는 것이 아닙니다. 더 열심히 뛰는 사람이 기회를 잡을 수 있습니다. 더 열심히 뛰기 위해서는 차라리 '무한 긍정 회로'를 돌리는 것이 좋습니다. 거절에 익숙해지는 것입니다.

보호와 안정, 자립 생활 훈련이 필요한 중도중증 장애학생도 있습니다. 이들은 행복감과 안정감이 필요합니다. 하지만 취업이 가능한 발달장애학생들도 많습니다. 이들은 현실과 계속 부딪혀야 합니다. 그러면서 더 강해져야 합니다. 그래야 스스로 생존할 힘, 단단한 생존 근육을 갖게 됩니다.

구분해서 판단하면 됩니다.

평생 집에서 보호가 가능하고, 일할 능력이 부족하다면 취업은 인생 목표가 아닙니다. 반대로 뭐라도 사회에서 일하고 싶다거나, 남들처럼 급여를 받고 싶다면, 우리는 거절당하기에 익숙해져야 합니다. 말씀드렸듯 이건 일반인도 마찬가지입니다.

거절당하기에 익숙해지기 전략은 확률적으로도 꽤 효과적입니다. 전체 인구의 5% 정도가 장애인이라고 생각해 보세요. 물론 실재 장애인 비율은 더 높습니다. 최소 5%라고 가정해도 가족, 친구, 친척, 이웃 등 장애학생의 연결고리로 찾을 수 있는 인구수는 상당히 많습니다. 생각보다 우리들의 휴먼 네트워크는 크고 넓습니다. 한마디로 말해 우리 편은 생각보다 많다는 말입니다.

어느 중소업체 담당자는

'사실은 자신의 자녀가 지체장애가 조금 있다'라고 말해주었습니다. 그러면서 취업 기회를 연결해 준 분이 있었습니다.

〈과거편〉과 〈현재편〉으로 나누어 상황을 더 비교해 볼까요?

〈과거편〉 2017년.

50곳이 넘는 기관으로 장애학생 직업체험을 위해 전화를 돌렸습니다. 발달장애학생들이 지역사회의 기관에서 실제로 일하는 경험을 체험하게 해주고 싶었습니다. 기관 사정을 고려해 2~3명의 소규모 학생만 데리고 가기로 했습니다. 결과는요? 역시나 거절당했습니다.

화가 나서 싸운 적도 있습니다.

주민자치센터 내 어린이 A장난감 대여소였습니다. 학생 2명 정도만 데리고, 2시간 이하로 짧게 참여하려 했습니다. 장난감 세척과 정리를 돕고 싶다고 연락했습니다. 해당 담당자가 곤란하다고 했습니다. 공무원은 아니었습니다. 저는 다시 친절하게 설명했습니다. 전혀 방해되지 않겠다고, 인지력이 높은 학생들이라 아무런 문제 없다고 했습니다. 이미 다른 기관에서도 일경험이 많은 학생이라고 말입니다. 하지만 담당자는 여전히 뾰족한 근거 없이 거절하였습니다.

날짜를 변경하는 것도 아니고 무작정 거절이라니. 이해가 되지 않았습니다. 이때는 2017년으로, 코로나 같은 전염병도 없었습니다. 저는 그 이유를 따져 물었습니다. 누가 보더라도 무리한 부탁이 아니었습니다. 상식적으로 이해가 되지 않았습니다.

저는 부끄러웠습니다.
제가 아니라 우리 사회가요.

우리 사회의 메아리가 이 정도밖에 안 되는지. 정말 장애학생에 대한 우리 사회 포용력이 이 정도 수준밖에 안 되는지 답답했습니다. 매정하고 초라한 우리 사회 어른들이 부끄럽고 화가 났습니다.

"아빠, 왜 화가 났어?"
자녀들이 묻는다면, 저는 이런 상황을 어떻게 설명할 수 있을까요? 저는 이런 사회에 기성세대로, 어른으로 살고 있다는 것이 너무나 부끄럽고 죄스러웠습니다.

/

먼저 바람을 쐈습니다. 차를 한 잔 마셨습니다. 마음을 진정시켰습니다. 그리고 생각해보았습니다.

전혀 화낼 필요가 없었습니다. 그러면 제 마음만 다치는 것입니다. 거절하면 그냥 다른 곳에 전화하면 되잖아? 아주 간단하고 쉬운 방법이 있었습니다. 생각을 바꾸니 답이 보이기 시작했습니다.

/

〈현재편〉 최근

세상이 조금씩 열리고 있구나.
저는 요즘 이런 느낌을 받고 있습니다.
변화의 바람이 느껴졌습니다.

그렇습니다. 느리지만 분명 세상은 조금씩 변하고 있었습니다. 특수교육, 장애인복지분야에 십년 이상 경력 있는 분이라면 비슷한 생각을 가질 겁니다. 세상은 긍정적인 방향으로 바뀌고 있습니다. 점점 더 많은 곳에서 우리의 손을 잡아주고 있습니다. 채용이 안 되더라도 본인이 할 수 있는 최소한의 도움이라도 주려고 애쓰는 모습을 보았습니다. 감격스러웠습니다. 다행히도 우리편은 얼마든지 있었습니다.

저는 새로운 기관에 전화를 돌렸습니다.

여성센터 산하 B장난감 대여소였습니다. 흔쾌히 협조 요청을 받아주었습니다. 학생들을 차에 태우고 장난감 대여소로 이동했습니다. 학생들은 장난감을 닦고, 실내를 깔끔히 정리했습니다. 담당자는 우리 학생들이 참 착하고 성실하다고 말했습니다. 여성센터 관장님께서 직접 학생들을 찾아 격려해주셨습니다. 다음에 또 언제든지 오라고 응원해 주셨습니다. 그리고 학생들의 어깨를 토닥여주었습니다.

우리 편은 얼마든지 있습니다.
그러니 계속 손을 내밀어야 합니다.

한 번이 어려웠지 다음은 너무 쉬웠습니다. 저는 학교 인근에 N*대형 마트에 연락했습니다. 마트에서 할 수 있는 무슨 일이든 경험해보고 싶다고 했습니다. 저는 쿨하게 마음 먹었습니다.

'뭐 거절하려면 하든가 말든가…'
'우리는 또 다른 곳에 전화하면 돼요'

저의 못된(?) 마음과는 달리, 담당자는 아주 친절했습니다. 사장님께 건의해 보겠다고 했고 얼마 뒤 한 번 방문하라는 연락이 왔습니다. 학생들을 태우고 마트로 이동했습니다. 일하는 사람이

100명도 넘는　대기업의 식자재 대형마트였습니다. 사장님께서 학생들과 저를 회의실로 들어오게 했습니다. 아주 딴딴한 체격에 인상이 험하고 과묵한 사장님이 있었습니다.

　좋은 기회를 주셔서 감사하다고 말씀드렸습니다.

　그랬더니 험한 인상과는 달리 언제든지 이런 일이 있으면 도와주겠다고 하셨습니다. 그리고 담당자에게는 성심성의껏 학생들과 선생님에게 도움을 주라고 말씀하셨습니다. 겉모습에서 풍기는 무뚝뚝함과는 달랐습니다. 역시나 사람은 외모만 보고 판단하면 안되나 봅니다. 평소 회사 직원들과 봉사활동도 자주 다니고 있다고 하였습니다. 긴장하는 학생들에게 좋은 경험하고 가라고 응원하겠다고 말씀하셨습니다.

　학생들과 같이 일을 시작했습니다.

　학생들과 일터로 이동했습니다. 지게차로 양배추가 한 가득 들어왔습니다. 양배추를 다듬었습니다. 제가 칼로 양배추의 밑동을 잘라내면 학생들이 겉에 지저분한 껍질을 제거했습니다. 그리고 다른 직원분이 랩포장을 할 수 있게 카트에 담아 두었습니다. 한 시간 정도 일을 하고 업체에서 준 바나나 우유를 기분 좋게 마셨습니다. 아래 사진이 실재 일하던 모습입니다.

그렇게 2~3시간을 열심히 일했습니다.

학생들과 목표로 했던 양을 깔끔히 마무리했습니다. 담당자가 오더니 점심을 먹고 가라고 합니다. 마트에서 운영하는 한식 뷔페에서 먹으면 된다고 합니다. 사장님이 점심도 제공하라고 했답니다. 학생들과 기분 좋게 뷔페로 갔습니다. 맛있는 음식을 접시에 가득 담아 먹었습니다. 노동비보다 음식값이 더 많이 나올 것 같았습니다. 아주 잠깐 미안한 마음이 들기도 했습니다. 음식을 다 먹은 뒤에 멀리서 사장님과 임원들이 식사하는 모습이 보였습니다.

"애들아, 이제 가자."

"사장님이 저기 계시네. 감사하다는 인사 정도는 하고 오렴"

저는 일부러 나서지 않았습니다. 학생들끼리 사장님에게 다가 갔고 인사를 했습니다. 터프가이처럼 무섭게 생긴 사장님의 얼굴에 함박 웃음이 가득했습니다. 터프가이는 사라지고 마음씨 좋은 동네 아저씨처럼 보였습니다.

후기를 말씀드리자면.

몇 개월 뒤에 거짓말처럼 그 대형마트에 다른 학생이 한 명 보란 듯이 취업을 하였습니다.

익숙해져야 합니다. 거절당해도 괜찮습니다. 또 도전하면 됩니다. 거절당해도 괜찮습니다. 여기 말고 우리 편 많습니다. 쿨한 생각이 필요합니다.

익숙해져야 합니다. 면접에 떨어져도 괜찮습니다. 인생이 한 번이 끝이 아니잖아요? 또 도전하면 됩니다. 취업을 못해도 괜찮 습니다. 후회 없이 도전해 봤잖아요. 그거면 됩니다.

돈공부에 몰입하세요

경제/재테크 책을 300권 이상 읽었습니다.

최근 2년 정도, 저는 제 삶에 또다른 혁신을 목표로 살고있습니다. 독서가 중심이었습니다. '취미가 독서'라는 말은 정말 진부한 표현입니다. 그런데 그 진부한 말이 제 삶의 일부가 되어버렸습니다. 이제는 알라딘에 주문한 책, 배송중인 책이 없으면 불안함을 느낍니다. 손이 닿는 곳에 읽을 책이 없으면 어색하고 초조합니다.

저는 왜 이렇게 독서에 몰입하게 되었을까요?
이야기는 아내의 생일에서 시작됩니다.

이상했습니다. 전 분명 열심히 살았습니다. 대학교 때는 내 젊음과 장학금을 교환한다고 생각했습니다. 그렇게 청춘을 바쳐 공부에 몰입했습니다. 학기중엔 도서관에 살았습니다.

아침부터 저녁까지 도서관에 있었습니다. 방학에는 아르바이트에 몰입했습니다. 여행? 미팅? 낭만? 이런것은 저에게 사치였습니다. 전 돈이 필요했습니다. 당장 다음 학기 등록금과 생활비가 필요했죠. 임용고시를 준비하려면 교재비, 문제집, 강의비, 학용품, 식비 등 돈이 필요합니다. 저는 교사가 되고 싶었고 그래서 제 청춘을 바친다 생각했습니다.

앞서 언급한 '교환 거래'을 시작한 것입니다. 제가 수 있는 것은 '젊은 날의 청춘'뿐입니다. 받을 것이라 목표 하는 것은 '임용 합격'입니다. 물론 실패할 수도 있습니다. 몇 년간 임용에 합격하지 못할 수도 있죠.

괴롭고 힘들었습니다.
한여름 야외에서 하는 막노동은 너무 더웠고 위험했습니다. 한겨울 아파트 공사는 너무 추웠고 외로웠습니다. 하지만 견딘다고 생각했습니다. 나만 열심히 살면 이제 곧 행복하리라 생각했습니다. 임용고시에 합격하여 교사만 된다면 걱정은 끝이라 생각했습니다. 이제 돈 걱정 없는 삶을 살 것이라 생각했습니다.

하늘이 도왔는지 겨우 교사가 되었습니다.

이제 돈의 감옥에서 벗어나게 되었습니다. 비록 박봉이지만 월급은 따박따박 제 통장에 들어옵니다. 그렇게 월급으로 학자금 대출을 갚아 나갔고, 자취하는 생활비에 사용했습니다.

그럼 저는 이제 행복한 삶을 살게 되었을까요?
그럼 저는 이제 돈 걱정 없는 인생을 살게 되었을까요?

아니요. 아닙니다.
이상했습니다.

저는 분명 사회에서 시키는대로 열심히 살았습니다. 남들이 부러워하는 교사가 되었습니다. 부부교사는 누가 중소기업이라 하던데. 우리 가족은 왜 이렇게 넉넉하지 않을까요?

저는 순진하게 살았습니다. 학교 업무와 집안 일만 생각했습니다. 교사로서 열심히 살고 두 아이의 아빠로 성실히 자녀를 키웠습니다. 그러면 앞으론 이제 무조건 행복하겠지, 돈 걱정 없는 삶을 살겠지 싶었습니다.

다시, 아내의 생일날.

편의점에 앉아 아내에게 줄 편지를 쓰고 있었습니다. 왠지 모르게 서글픔이 느껴졌습니다. 뭔지는 모르겠지만 현타가 왔습니다. 좌괴감이 몰려왔습니다. 이상했습니다.

분명 나는 열심히 살았는데. 왜 우리 집값은 이렇게 처참하게 떨어졌을까? 왜 나는 열심히 살았는데 아내의 생일 선물을 마련할 돈이 없는 걸까? 저는 무엇을 놓쳤던 걸까요?

저는 바보처럼 살았습니다. 성실하게만 살아서는 안됩니다. 성실하게만 산다는 것은 '라면에 스프를 넣지 않는 꼴'입니다. 저는 제 삶에 무엇을 넣지 않았을까요? 전 어떤 스프를 넣지 않았을까요?

저는 '돈공부'라는 라면 스프를 빠뜨렸습니다.

성실함은 당연합니다. 거기에 자본주의, 경제공부를 추가해야 합니다. 열심히 공부해서만 안됩니다. 미래 트렌드, 인문학책을 읽으며 살아야 합니다.

그렇습니다. 저는 자본주의와 경제를 본격적으로 공부하지 않았습니다. 여러분도 대부분 그럴거라 생각합니다.

돌아보니 문제는 심각했습니다.

이건 단순히 우리 부부만의 문제가 아니었습니다. 양가 부모님은 점점 나이가 드시고, 이제 곧 은퇴할 나이가 되었습니다. 물론 저희들에게 의지하지 않겠다고 하시지만. 저희가 경제적으로 지원할 수 있는 것과 아닌 것은 분명 다릅니다. '돈과 자본'은 우리 가족을 지켜내는 '울타리'임을 저는 깨닫게 되었습니다.

그날로 저는 다시 시작했습니다. 본격적으로 자발적 외톨이가 되었습니다. 대학교때처럼 혼자 도서관에 다녔습니다. 책을 빌려 읽었습니다. 오랜만에 책을 읽으니 힘들었습니다. 한 달에 겨우 책 한두 권 정도를 읽을 수 있었습니다. 참았습니다. 시간이 해결해 줄 것이기 때문입니다.

독서량이 늘어났습니다.
이제는 일주일에 1~2권의 책을 읽습니다. 저의 독서는 목표 지향적입니다. 제 독서의 목표는 '자본주의와 경제, 재테크와 금융'을 이해하는 것입니다.

독서량이 늘어나니 평소 제가 궁금했던 의문점들이 조금씩 풀렸습니다. 왜 자동차나 냉장고 값은 계속 올라가기만 하는지. 왜 자꾸 화폐 가치는 떨어지는 것인지 알게 되었습니다. 기본적인 부동산 지식도 갖추었습니다. 이제는 자녀들이 성장해도 충분히 조언해 줄 수 있겠다 싶습니다. 다행입니다. 이제라도 든든한 아빠가 될 자격을 얻고 있구나 싶었습니다.

경제와 금융, 화폐의 역사, 자본주의, 부동산, 주식과 재테크 등에 관한 책을 파고들었습니다. 밑줄 그으며 읽고, 노트에 필사를 했습니다. 읽은 책은 한 번씩 더 복습했습니다. 읽은 책은 최소한 3회독 ~ 5회독까지 반복했습니다. 그렇게 2년 동안 대략 300권 이상의 경제/경영/재테크/투자철학 등의 책을 읽었습니다.

변화가 느껴졌습니다. 자신감이 생겼습니다. 투자 자산 가격의 등락에 흔들지 않게 되었습니다. 과거엔 불안했다면 이제는 다음 기회를 잡아야겠다고 생각했습니다. 어떻게 자산 포트폴리오를 구성할지 생각을 정리했습니다. 어떻게 대출을 하고 어떻게 상환할지 계산하기 시작했습니다.

앞서 저는 300권의 책을 추천드렸습니다.

책 값은, 300권 X 15,000원(책 값) = 450만 원 정도였죠. 인생을 롱텀으로 길게 보자면 부동산 계약에 흥정하는 값이 500만 원 정도입니다. 그러니 책 값은 전혀 비싼 것이 아닙니다. 나혼자 다 수익을 먹겠다는 욕심은 버려야 합니다. 저는 도서 구입 비용으로 500만 원 정도 쓰고 600만 원을 벌 생각입니다. 수익은 100만 원이 되겠죠. 세금도 합법적으로 내고, 책 값도 냅니다. 이 세상에 공짜 수익이 없다는 걸 알기 때문입니다.

그러나 여기서 끝이 아닙니다.
300권 이상의 책을 본다면 아마 여러분의 수익은 100만 원이 아닐 겁니다. 최소 몇 천만원 이상의 수익을 낼 것입니다. 세상에 공짜가 없듯이 노력한 만큼 성과는 나오기 마련입니다. 부동산 책을 20권 정도 읽으면 최소 몇 천 만원을 벌 수 있는 능력을 쌓을 수 있습니다.

저는 왜 발달장애학생 취업지도 책에서
재테크 책을 보라고 강추하는 것일까요?

취업은 선택이기 때문입니다.

말씀드렸듯이 취업은 학교나 교장 선생님이 결정하는 것이 아닙니다. 취업은 사회가, 회사가 결정하는 것입니다. 결정권은 나에게 있지 않습니다. 그럼 취업이 불가능한 친구들은 어떻게 생계를 마련해야 할까요? 장애인 연금만 바라고 살아야 하나요? 과연 장애인 연금으로 우리 아이들을 보호할 수 있을까요?

그래서 저는 경제공부/재테크 책을 추천하는 것입니다.
경제적으로 안정감을 마련해 준다면
굳이 취업을 하지 않아도
행복하게 취미처럼 인생을 살아갈 수 있습니다.

그러니 부모님들께서 경제 근육을 키워야 합니다.
현재 우리 가정의 자금을 어떻게 배치할 것인지 노련하게 경정할 수 있어야 합니다. 어디에다 어떻게 자산을 투자할지 결정해야 합니다.

모든 돈을 대한민국 원화(KRW)로 은행에 보관할 것인지.
3% 정도는 달러(USD) 예금이나 현금을 보관할 것인지.
무엇이 현명한 선택인지 판단할 수 있어야 합니다.
그러기 위해서는 '독서'가 필요합니다.

모든 돈을 발달장애 자녀를 위해 쓰실 겁니까?

그럼 부모님 본인의 노후는 어떻게 하실 건가요?

자녀에게만 희생하고 불행한 노후를 보내는 부모님의 모습을 보면 자녀의 마음은 어떨까요? 자녀의 행복을 위해서도 우리는 당장 돈공부에 몰입해야 합니다. 경제를 공부하다보면 자연스럽게 한정된 자원을 어떻게 분배할 것인지 고민하게 됩니다. 경제적인 사고방식으로 업그레이드 되는 것입니다. 이런 경제 뇌근육이 필요합니다.

취업이 불가능한 발달장애학생의 미래는 어떻게 하면 좋을까요? 친척이나 형제자매에게 맡길 수도 없는 노릇입니다. 장애인 생활시설에는 자리가 없는 곳이 대부분입니다. 부모님의 노후도 조금씩 준비해야 합니다. 이 모든 고민과 번뇌가 사실 '돈 문제'와 관련이 있습니다. 그러니 우리는 좀더 일찍 '돈 문제'와 마주해야 합니다.

솔직하게 현실과 마주해야 합니다. 본격적으로 돈 공부에 몰입해야 합니다. 돈 공부에 몰입해야 발달장애학생의 미래를 지킬 수 있게 됩니다. 몇 가지 사례를 들어보겠습니다.

〈예시A : 좋은 자산을 싸게 사서 물려준다〉

1. 가능한 빨리 자가 주택을 마련합니다. 부모님이 70세가 되면 이 집을 주택연금으로 돌려 생활비를 일부 마련됩니다. 혹은 이 주택을 자녀에게 증여할 수도 있습니다.

2. 우리 가정의 현금 흐름을 계산합니다. 그리고 앞으로 20년 동안 정기적으로 자본금을 모읍니다. 그리고 소형 아파트를 마련합니다. 이를 사후에 발달장애 자녀가 월세를 받을 수 있도록 세팅합니다.

3. 무한정 돈을 배풀지 않습니다. 절약합니다. 자녀에게 선물할 휴대폰, 장난감, 용돈, 생활비를 아낍니다. 아낀 돈으로 테슬라, 엔비디아 등 미국 우량 주식을 축적합니다. 배우자와 상의하여 배당이 나오는 미국 우량주를 유산으로 물려주기로 합니다.

〈예시B : 현금 흐름이 나오는 부업/창업을 물려준다〉

1. 글을 써 보기로 했습니다. 주제는 내가 좋아하는 고양이 키우기 관한 책입니다. 처음 쓰는 책이라 일단 PDF 전자책으로 출판하는 것을 목표로 합니다. 매주 하나씩 카카오(Daum) 브런치에 글을 씁니다. 글감을 모읍니다. 어려운 유통 과정은 '부크크'라는 사이트에서 대행하여 출간합니다.

2. 전자책에 이어 종이책을 출판했습니다. 매월 인세가 5만 원 정도 들어오고 있습니다. 앞으로 10년 동안 10권을 목표로 세워봅니다. 그럼 앞으로 매월 50만 원의 현금흐름을 갖출 수 있습니다.

3. 자녀가 유튜버가 되고 싶다고 합니다. 찾아보니 까까운 곳에 무료 교육과정을 발견했습니다. 아이는 그림을 좋아하니까. 그림 그리는 것을 영상으로 찍어 올리게 되었습니다. 유튜브에 동영상을 올립니다.

4. 수익 요청 과정이 복잡하고 어렵습니다. 당근에서 저렴하게 도움을 줄 사람을 알게 되었습니다. 아직은 수익이 없지만 길게 보고 취미로 유튜브는 계속할 예정입니다. 나중에 유튜브로 월 10만 원이라도 현금흐름을 마련해 볼 생각입니다.

〈예시〉를 잘 보셨나요?

실재로 테슬라 주식을 사라는 말이 절대 아닙니다. 주식이나 부동산 공부에 관심을 가져야 한다는 얘기입니다.

다음으로 〈예시B〉에 나오는 전자책을 쓰는 일은 아주 쉽습니다. 조금만 관심을 가지면 됩니다. 저도 POD(주문 생산 방식 출판)으로 2권 ~ 3권의 책을 냈습니다. 그래서 제가 숨만 쉬어도 자동으로 매월 5~10만 원 정도가 통장으로 들어옵니다. 큰금액은 아니지만 저만의 시스템 수익을 마련한 것입니다.

어떤가요? 매력적이지 않은가요?
여러분도 하실 수 있습니다.

/

제가 전달 드리는 중요 포인트는 '독서'입니다.
부업과 창업, 취업까지 모든 것이 '독서'에서 시작됩니다. 독서를 통해 우리의 '뇌'는 업그레이드 됩니다. 독서로서 우리 가정의 돈 걱정이 줄어들게 됩니다. 책 읽기로 다른 사람들의 노후 준비 방법도 배울 수도 있습니다. 우리보다 똑똑한 사람들이 쓴 책을 통해 삶을 혁명적으로 개선할 수 있습니다. 차라리 독서를 하지 않아야 할 이유를 찾는 것이 더 어렵습니다.

돈공부를 하다보면 '취업'외에 다른 길도 찾을 수 있습니다. 전자책, POD 출판 외에 블로그 간접 광고 수익도 있습니다. 여러 종류의 부업 정보도 찾을 수 있습니다. 서점에 가면 새로운 시대에 맞는 새로운 '부업'에 관한 책도 한가득 있습니다. 이렇게 부업이나 창업, 새로운 시스템 수익을 배울 수 있습니다.

그러니 부모님의 뇌가 더 말랑할 때 독서하십시오. 머리가 더 잘 돌아가는 젊은 나이일수록 더 일찍 '돈 공부'를 시작해야 합니다. 그래야 발달장애학생을 지킬 수 있습니다.

감명 깊게 읽은 부동산 책중에 〈딱 2년 안에 무조건 돈 버는 부동산 투자 시크릿〉이라는 세빛희님의 책이 있습니다. 세빛희님은 공무원을 하다가 경제와 부동산을 공부한 뒤 전업 투자자로 전향했다고 합니다. 몸이 조금 아픈 자녀가 있었는데, 월급쟁이 공무원으로는 한계를 느꼈다고 합니다. 그래서 부동산 공부에 몰입했고 지금은 성공적인 삶, 경제적 자유에 이르렀습니다.

이렇게 저는 독서를 통해 한계를 극복한 사람들을 만났습니다. 그들의 험난 했던 과거의 이야기를 들었습니다. 그들의 아픈 이야기, 괴로웠던 이야기에 주목했습니다. 그리고 이들이 어떻게 극복했는지 경청했습니다. 다음으로 저를, 딸과 아들을, 미래의 우리 학생들은 어떻게 도움을 줄 수 있을 지 생각했습니다.

바로 자본주의 시대 생존 철학, 금융교육입니다. 저는 '생각의 유산'을 물려주기로 했습니다. 저는 딸과 아들이 크면 좋은 책을 소개해 주고, 같이 부동산 강의를 수강할 것입니다. 같이 서점에 가서 책을 살 것입니다. 제가 읽었던 훌륭했던 책, 뛰어난 저자를 알려줄 것입니다. 독서로 '가족의 보호 울타리'를 치는 방법을 알려줄 예정입니다.

저는 이렇게 글을 마무리 하고 싶습니다. 아무 생각하지 말고 그냥 300권만 읽으세요. 꼭 사서 읽어야 합니다. 책장에 보관해야 합니다. 책과 함께 사색의 시간을 보내기 바랍니다. 그리고 나면 본격적인 길이 보이기 시작합니다. 그렇게 되면 저 따위는 필요가 없을 겁니다. 이미 여러분은 '스스로 척척척 전문가'가 되어 있을 겁니다.

글을 마치며

이 책은 오타와 오류로 가득합니다.
아마 저를 욕하는 분들도 있을 겁니다.
그럼에도 책을 세상에 내놓습니다.

제가 먹을 욕보다
발달장애학생들과 우리 사회에 돌아갈 이익이
더 클 것이라는 판단이 들기 때문입니다.

말씀드렸듯
세상에 모든 것이 '교환'입니다.
공짜는 어디에도 없습니다.

두려워마세요.
여러분이 계획하는 모든 일들이
우리 삶에 유익을 준다면 추진하세요.

유익이 손실보다 크다면
손실이 유익보다 작다면
두려워할 필요가 없습니다.

두려워마세요.
우리 뒤에는 학생들이 있습니다.
우리 뒤에는 자녀들이 있습니다.

두 아이의 아빠가 되고
저는 '희생'과 '용기'라는 단어를 이해했습니다.
자녀들 덕분입니다.

발달장애학생을 위한 일인가?
우리 사회 정상화를 위한 일인가?
두 가지 물음에 '그렇다'라는 결론이라면
걱정하고 두려워 할 필요가 없습니다.

앞으로 여러분이 선택하게 될 모든 일들과
그 기회비용까지.

모든 교환 활동을 멀리서 응원하겠습니다.
감사합니다.